COORDENAÇÃO EDITORIAL
ADRIANA REIS

RELAÇÕES HUMANAS

Desafios e perspectivas

© LITERARE BOOKS INTERNATIONAL LTDA, 2021.

Todos os direitos desta edição são reservados à Literare Books International Ltda.

PRESIDENTE
Mauricio Sita

VICE-PRESIDENTE
Alessandra Ksenhuck

DIRETORA EXECUTIVA
Julyana Rosa

DIRETORA DE PROJETOS
Gleide Santos

RELACIONAMENTO COM O CLIENTE
Claudia Pires

EDITOR
Enrico Giglio de Oliveira

PREPARADOR
Sérgio Ricardo

REVISORA
Ana Mendes

CAPA
Gabriel Uchima

DESIGNER EDITORIAL
Victor Prado

IMPRESSÃO
Impressul

Dados Internacionais de Catalogação na Publicação (CIP)
(eDOC BRASIL, Belo Horizonte/MG)

R382 Relações humanas: desafios e perspectivas / Coordenadora Adriana Reis. – São Paulo, SP: Literare Books International, 2021.
160 p. : 14 x 21 cm

Inclui bibliografia
ISBN 978-65-5922-075-5

1. Comunicação. 2. Relações humanas. 3. Assertividade. I. Reis, Adriana.

CDD 158.2

Elaborado por Maurício Amormino Júnior – CRB6/2422

LITERARE BOOKS INTERNATIONAL LTDA.
Rua Antônio Augusto Covello, 472
Vila Mariana — São Paulo, SP. CEP 01550-060
+55 11 2659-0968 | www.literarebooks.com.br
contato@literarebooks.com.br

SUMÁRIO

5   PREFÁCIO
Elder F. Perez

7   UMA JORNADA INTERIOR
Adriana Reis

15   GESTÃO HUMANIZADA NO RH:
PRECISAMOS FALAR SOBRE ESSE ASSUNTO
Aline Bernardes

23   UM OLHAR PARA O OUTRO
Andréa Curi da Silva

31   A ARTE DE CULTIVAR O RELACIONAMENTO
MAIS IMPORTANTE DA SUA VIDA
Ayeska Azevedo

39   CONEXÃO EMOCIONAL E CONEXÃO DIGITAL
Daniella de Oliveira Santos Leal

47   AS RELAÇÕES HUMANAS SÃO UM REFLEXO
DO NOSSO ESTADO DE ESPÍRITO!
Edjane Andrade

53   RESILIÊNCIA, A ARTE DE SUPERAR ADVERSIDADES
Ellen Ravaglio

63   ORGANIZAÇÕES, SOCIEDADE E O PÓS-PANDEMIA:
AS RELAÇÕES DE CONSUMO NO NOVO NORMAL
Fábio Aguiar

73	JOVENS NO MERCADO DE TRABALHO E O DESENVOLVIMENTO SOCIAL **Fabrício Vieira da Silva**
85	APRENDIZADOS SOBRE RELAÇÕES HUMANAS NA ESCOLA DA VIDA **Ivo Cabral**
93	O MUNDO VUCA E A ADAPTAÇÃO DAS ORGANIZAÇÕES NO "FUTURO DO PRESENTE" **Ivone Rosa**
101	TER SENTIDO FAZ SENTIDO: CONECTANDO VIDA E CARREIRA **Janaina Fidelis**
111	EMPRESAS COM SIGNIFICADO **Lorena Pinho**
119	A MENTORIA NO DESENVOLVIMENTO DO NOVO *MINDSET* DA LIDERANÇA **Marisilvia Costa**
129	O IMPACTO DOS CONFLITOS NAS RELAÇÕES HUMANAS EM EQUIPES DE PROJETO **Maurício Buckingham Lyra Figueirêdo**
137	VIOLÊNCIA PSICOLÓGICA E SUA INFLUÊNCIA NAS RELAÇÕES INTERPESSOAIS **Mônica Medeiros**
145	EXPANSÃO DA CONSCIÊNCIA PÓS-PANDEMIA **Tereza Cristina Pamponet Dantas**
153	LIDERANÇA 4.0 **Vaneska Wolney Schmidt**

PREFÁCIO

"Eu sou porque eu pertenço." Esta frase do jornalista e escritor cubano, Leonardo Padura, parece definir profundamente a importância das referências de vida na construção e na estruturação do ser. Independente da cultura, do país, da sociedade, etc. pertencemos à espécie humana e esse tipo de pertencer é um ponto de partida para estar no mundo e se relacionar com ele.

Viver é, em grande medida, se relacionar. Seja na família, no trabalho, no lazer, no ambiente virtual e até mesmo na solitude quando estamos apenas conosco. É com o outro e olhando para o outro que também podemos nos ver.

O mundo contemporâneo nos faz repensar a forma como nos relacionamos. Seja no ambiente organizacional como líder, cliente ou colega de trabalho os desafios da modernidade nos possibilitam enxergar novas perspectivas de interação.

Hoje em dia percebemos no ambiente social e econômico rápidas, profundas e permanentes mudanças que afetam o nosso modo de viver. Onde isso irá nos levar? O futuro foi antecipado ou estamos mais no presente do que nunca? Quando poderemos dizer "quando"? Que transformações ocorrerão nas relações humanas? Muitas questões estão postas sem a certeza de que serão respondidas. Aliás, talvez por não lidarmos tão bem com a incerteza é que buscamos tanto a certeza.

Profissionais de diferentes áreas, coordenados neste livro pela competente Adriana Reis, trazem suas experiências e seus pontos de vista com sensibilidade e maestria sobre esse complexo e fascinante tema – Relações Humanas - que é um importante marco definidor do que é estar no mundo.

Esta obra, produzida em um momento atípico da humanidade, onde fomos impulsionados, praticamente de maneira abrupta, a estreitar as relações com nós mesmos e a repensar as relações com os outros, nos

oferece de forma atemporal importantes reflexões acerca do que eu sou, do que o outro representa para mim e qual o resultado das mais diversas interações dentro deste cenário.
Desejo uma excelente leitura!

Elder F. Perez
Psicólogo

1

UMA JORNADA INTERIOR

Como vai você? A busca pelo autoconhecimento nos remete a seguir uma jornada para saber como estamos em cada instante das nossas vidas. A prática da meditação *mindfulness*, o propósito de vida, os valores pessoais e a inteligência espiritual são caminhos para nos perceber nessa descoberta.

ADRIANA REIS

Adriana Reis

Mestre em Desenvolvimento Humano e Responsabilidade Social. Especialista em Gestão Estratégica de Recursos Humanos e Gestão de Empresas. Profissional com mais de 20 anos de experiência em gerenciamento de projetos, consultoria organizacional e desenvolvimento de líderes e times de alta performance. Diretora de Responsabilidade Social da International Coaching Federation - ICF Bahia (Gestão 2020-2021). Diretora de treinamentos na NEOPSY - Psicologia e Desenvolvimento Humano. Coach sistêmica, Analista comportamental PDA, Facilitadora de grupos na metodologia Lego® Serious Play®. Escritora e Docente de pós-graduação.

Contatos
neopsy.com.br
reisadrianas65@gmail.com
LinkedIn: linkedin.com/in/adriana-reiss
Instagram: @reis_adrianas

Como vai você?

Essa é uma pergunta trivial e corriqueira que muitos fazem no momento de início do diálogo com alguém. Utilizada frequentemente logo após o cumprimento. "Olá" ou "bom dia" e lá vem um "como vai?" ou "tudo bem?". Nas relações humanas, a cordialidade, a empatia e a comunicação não violenta estão se expandindo e cada vez mais as pessoas enxergam o outro, ou percebem a situação que o outro está vivendo com mais compaixão.

Mas qual a relação entre a compaixão e a empatia? A empatia pode ser entendida como a capacidade de entender o sofrimento do outro e se colocar à disposição e a compaixão é se solidarizar com esse sofrimento, mas entendendo que esse ser humano tem a capacidade de se reerguer, basta que esteja cercado das condições possíveis. Então, ao entender e se colocar à disposição, podemos apoiar o outro e dar suporte para que ele possa seguir em frente. Dessa forma, estamos alinhando a empatia à compaixão.

Quando iniciamos uma conversa, um relacionamento com o outro, seja pessoal ou profissional, seja em casa, na escola ou na empresa ou em qualquer espaço, realmente queremos saber como o outro está ou essa pergunta – "Como vai você?" – aparece como uma forma educada de iniciar uma conversa? Quantas vezes efetivamente se escuta a resposta do outro? Qual é verdadeiramente a resposta? Será que se responde um "tudo bem" para dar seguimento ao diálogo? Quantas vezes se ouviu um "não estou muito bem". E qual o desdobramento ou apoio recebido no momento? Houve a escuta ativa com empatia e compaixão?

São tantas as perguntas e indagações para se definir como se está no íntimo do seu ser e o quanto importa o acolhimento alheio. É importante saber que somos fruto dos nossos valores e crenças; somos influenciados e influenciamos o meio em que vivemos. Entretanto, a nossa essência não deve ser abalada por fatores externos. Ela deve ser vinculada ao seu propósito de vida, autoconhecimento e à espiritualidade. Estabeleço parênteses para explicar e desmistificar que a espiritualidade, aqui relatada, não está associada à religião e sim à sua fé. Fé no cosmo que habitamos, na natureza à nossa volta, no divino muitas vezes não explicado, mas fé no seu poder supremo e interno.

Como responder à pergunta trivial do seu estado atual? O estado de espírito é situacional, ele deve ser regado diariamente, deve ser conhecido e percebido no instante em que a pergunta ecoa nos ouvidos. Para isso é necessário se conhecer. Nesse momento te convido a uma jornada interior para o autoconhecimento.

Inicio essa jornada com a *mindfulness*. Uma ferramenta que lhe permite aquietar o ser para que ele tenha atenção plena no que se faz e possa tomar decisões assertivas com base em um equilíbrio emocional, físico, mental, espiritual e social. Tomamos como base as cinco dimensões do ser, e todas são ativadas no momento da prática da atenção plena por meio da meditação. Segundo Marks Williams, Danny Penman (2015) e Michael Chaskalson (2017), autores de livros sobre o tema, a prática da atenção plena (*mindfulness*) exerce influência direta sobre saúde, bem-estar, relacionamentos e felicidade. Um benefício da meditação que destaco é o fato de desarmar o gatilho das reações imediatas e possibilitar pensar melhor, com serenidade antes de agir. No instante da quietude é possível escutar os pensamentos, o ambiente à sua volta e as emoções que afloram, e tomando consciência dessas perspectivas é provável que seja acessado o neocórtex (parte do cérebro responsável pela atenção, pensamento, percepção e memória) e aflorem as diversas possibilidades de respostas, soluções e compreensão de como se está nesse momento.

Te convido a buscar um ambiente confortável, sentar-se com a coluna ereta, fechar os olhos e observar sua respiração, inspirando e expirando pausadamente e de forma profunda. Acolha os pensamentos que chegam, perceba as partes do corpo que tocam o chão, o assento e verifique se há algum ponto de tensão. Mantendo a respiração suave, observe qual sentimento surge nesse instante e conduza para a amorosidade no centro do peito, acolha e, aos poucos, faça três respirações profundas e lentamente retorne ao estágio inicial. Essa meditação pode ser feita em segundos, minutos ou até horas e pode se mesclar com outras percepções. O exercício ajuda na percepção do aqui e agora e, assim, a entender o seu estado atual para melhor se relacionar consigo e com os outros.

Um outro ponto na jornada da relação humana é entender qual o seu propósito de vida, qual a sua força motriz ou *Ikigai* (MOGI, 2018). O que faz você acordar todas as manhãs e ter atitude, ação, seguir em frente? Para que você existe neste universo? Muitas vezes buscamos associar algo ou alguém que nos apoia ou impulsiona para a vida; por exemplo, já ouvi muito "Eu acordo por causa do meu filho" ou "Eu preciso trabalhar para sustentar minha família". Não falo da causa externa que te estimula a buscar algo e sim da sua motivação de existência. Para melhor compreensão seguimos com a seguinte hipótese: Se não existisse família, o que eu vim fazer aqui na terra? Qual a minha missão?. É nesta complexidade de interpretação que paramos para refletir o nosso papel no mundo. Um exercício que ajuda no despertar do seu propósito é a sequência das quatro perguntas. O que eu gosto de fazer? O que eu faço bem? O que eu faço que pode ser remunerado? O que eu faço que beneficia o mundo? Sugiro que as respostas dessas perguntas ocorram em quatro folhas de papel como desenhos e não como respostas por escrito. O motivo do desenho é que quando usamos a ludicidade acessamos nosso estado mais profundo da infância e retornamos à nossa ingenuidade, livre de julgamentos, e o natural emerge livremente. Após a realização dos quatro desenhos, deve-se observar se há algum objeto, ou contexto que se repete nas folhas. Verifique o que mais aparece e a partir daí traduza em palavras o que esse cenário representa. É possível que a partir desse exercício você tenha os primeiros indícios do seu propósito de vida. Para que você nasceu, o que faz brilharem os seus olhos e que dá prazer ao fazer, enfim a sua razão de existir.

Como estamos até aqui? Ou melhor, como vai você? Espero que feliz em fazer essa jornada do autoconhecimento comigo e obter mais clareza de como se está e ter a resposta dessa pergunta com consciência do seu eu verdadeiro e íntimo.

Quando buscamos encontrar ou resgatar nossa essência, compreender nossos valores pessoais é essencial para uma vida plena e feliz. Nesse momento, é possível compreender as crenças, medos e limites que foram sedimentados na consciência do ser.

Segundo Richard Barrett (2017), "nossos valores refletem o que é importante para nós. São uma forma rápida de descrever nossas motivações individuais. Em conjunto com nossas crenças, são os fatores causais que orientam nossa tomada de decisões". Se por algum motivo não seguimos nossos valores, perdemos nossa autenticidade. Quando seguimos um modelo que a sociedade ou o ambiente à nossa volta impõe, que não é o eu verdadeiro, podem ocorrer frustrações, angústias e a insegurança na sua capacidade de realização, alterando assim a nossa autoconfiança e a força para seguir em frente. De acordo com o modelo de sete níveis de consciência de Barrett, cada área concentra as necessidades do ser humano e sua evolução e desenvolvimento dependem da capacidade de atender a essas necessidades. Os níveis são divididos em: sobrevivência, relacionamento, autoestima, transformação, coesão interna, fazer a diferença e serviço.

Ao observarmos a pirâmide de Maslow, que também traz a mesma base com cinco níveis crescentes de satisfação, a essência é a mesma. A pirâmide é organizada em uma hierarquia de necessidades das mais básicas até as mais complexas, conforme a seguir: fisiologia, segurança, relacionamento, estima e satisfação pessoal. E todas têm a sua importância. É aconselhável fazer uma reflexão dos níveis de consciência, o que esses valores no momento atual representam, quais mudanças ocorreram que configuraram esse cenário e como, a partir dessa consciência, se pode tomar decisões mais assertivas e entender que estamos em constante processo de evolução. Desenvolver uma compreensão profunda da sua essência e de seus valores e se apropriar de técnicas e ferramentas que lhe possibilitem satisfazer suas necessidades e gerenciar melhor a sua jornada são a chave para uma vida mais plena.

Pode-se fazer uma correlação entre o equilíbrio interior, as necessidades, valores e consciência com o alinhamento dos chakras que também se apresentam em sete eixos ou centros de energias, a seguir: básico, umbilical, plexo solar, cardíaco, laríngeo, frontal e coronário. Cada um com sua função. Os chakras são responsáveis pelo nosso equilíbrio emocional, espiritual, mental e físico. Esses pontos de energia estão localizados ao longo da nossa estrutura. Assim como as nossas necessidades e nossos valores apresentados anteriormente, quando satisfeitos ou mais bem percebidos, os chakras quando alinhados nos permitem uma vida mais harmônica. O autoconhecimento é uma jornada contínua e conhecer os diversos aspectos do ser nos possibilita entender quem somos, como reagimos e qual o melhor caminho a seguir.

Após termos percorrido esse caminho até aqui, vamos adentrar nas inteligências como enxergamos e agimos ao nos relacionarmos com o outro.

Sabemos das inteligências múltiplas de Gardner (2009), que cada ser humano possui em maior ou menor escala como habilidades, porém vou me ater aqui às inteligências ou quociente intelectual (QI), emocional (QE) e espiritual (QS). São inteligências que possuímos e nos possibilitam a interação com o meio e as pessoas nele existentes.

O QE, de acordo com Daniel Goleman (1995), reflete como percebemos nossos sentimentos e os dos outros. Essa inteligência nos dá empatia, compaixão, motivação e capacidade de reagir apropriadamente à dor e ao prazer.

O QS, segundo Danah Zohar (2012), é a inteligência com que abordamos e solucionamos problemas de sentido e valor; é com ele que podemos inserir nossos atos e nossa vida em um contexto mais amplo, mais rico, mais gerador de significado; com ele podemos avaliar que um curso de ação ou caminho na vida faz mais sentido do que outro.

No caminho para nosso interior e essência, compreender e ampliar essas inteligências nos permite transcorrer o percurso da vida com mais parcimônia, entendendo que tudo tem seu porquê e a forma que reagimos ou interagimos afeta principalmente a nós mesmos. Sendo assim, é importante mantermos um equilíbrio nesses quocientes unilateralmente. Cada inteligência deve ser aprimorada de forma a mantermos as relações interpessoais e intrapessoais, seguindo a nossa força interna. É preciso fortalecer a inteligência espiritual no resgate do seu poder de afeto, amor e pureza divina.

Toda essa congruência mostra os desafios das relações humanas, quão complexo é nos relacionarmos conosco e manter uma ânima elevada. E quando nos encontramos com o outro – que também é um mundo integral, único com suas dimensões humanas, seu propósito de vida, seus valores – tudo se movimenta e impactamos e somos impactados pelo contato; é divino. E nesse encontro de almas vem a pergunta trivial do contato humano e tão profunda e complexa de se responder: "Como vai você?". Ao mesmo tempo, ao se conectar com sua espiritualidade, seu poder interior e toda a sua jornada interna com a elevação da consciência de que somos seres com limitações, somos humanos em constante transformação e evolução, passivos de erros e acertos, a resposta vem numa simplicidade da nossa potência. E qual é a sua resposta?

Que sua jornada interior plante bons frutos para uma colheita promissora de uma vida plena e feliz.

Referências

BARRETT R. *A organização dirigida por valores*. São Paulo: Alta Books, 2017.

CHASKALSON, M. *Mindfulness em oito semanas*. São Paulo: Pensamento, 2017.

GARDNER, H. *Inteligências múltiplas*. A teoria na prática. São Paulo: Artmed, 2009.

GOLEMAN, D. *Inteligência emocional*. Rio de Janeiro: Objetiva,1995.

MASLOW, A. *Motivation and personality*. Disponível em: <https://cra-rj.adm.br/publicacoes/textos_classicos/Motivation_and_Personality_Traduzido/files/mobile/index.html>. Acesso em: 20 de ago. de 2020.

MOGI, K. *Ikigai*. São Paulo: Astral Cultural, 2018.

WILLIAMS, M.; PENMAN, D. *Atenção plena mindfulness*: como encontrar a paz em um mundo frenético. Rio de Janeiro: Sextante, 2015.

ZOHAR, D.; MARSHALL, I. *Inteligência espiritual:* Aprenda a desenvolver a inteligência que faz a diferença. São Paulo: Viva Livros, 2012.

2

GESTÃO HUMANIZADA NO RH: PRECISAMOS FALAR SOBRE ESSE ASSUNTO

Neste capítulo, abordaremos a atuação do RH na perspectiva da gestão humanizada, fazendo uma reflexão e apontando alguns caminhos na construção de uma atuação profissional com foco maior no ser humano. Como explica o grande psiquiatra e psicoterapeuta Carl Jung em uma de suas mais célebres frases: "conheça todas as teorias, domine todas as técnicas, mas ao tocar uma alma humana, seja apenas outra alma humana".

ALINE BERNARDES

Aline Bernardes

Graduada em Serviço Social pela Universidade Católica do Salvador, formação em Terapia Sistêmica de Família e Casal, especialista em Recursos Humanos. Pós-graduada em Docência do Ensino Superior, formação em Professional Coach of Life Coaching, Leader Coach e Analista Comportamental DISC pela Sociedade Latino-Americana de Coaching (SLAC). Instrutora master player e facilitadora de Barras de Access Consciousness. Professora universitária em cursos de pós-graduação. Tem mais de 19 anos de experiência em recursos humanos, atuando na gestão de benefícios, clima organizacional, qualidade de vida, programas de desenvolvimento e assistência social, em empresas do segmento industriário e multinacional do Polo Petroquímico de Camaçari/BA. Apaixonada pela temática de gestão humanizada, é palestrante e facilitadora do tema de Gestão de Pessoas.

Contatos
alineblcarneiro.wixsite.om/coach
alineblcarneiro@gmail.com
Instagram: @gestaohumanizada
LinkedIn: alinebernardes

Em muitas organizações, a denominação Administração de Recursos Humanos está sendo substituída por outras nomenclaturas para representar o novo espaço e configuração da área. Contudo, a fim de facilitar nossa exposição, tal qual Chiavenato o faz em seu livro *Gestão de Pessoas* (1999), manteremos a denominação RH.

Mas, afinal, será que precisamos falar em Gestão Humanizada para Recursos Humanos? Teríamos então perdido nossa essência nessa caminhada em meio aos índices de produtividade, indicadores, metas e desafios? E o novo cenário da 4ª Revolução Industrial tem demandado mais dos Recursos Humanos na apropriação de novas tecnologias, ou de novas formas de colaboração e liderança?

São muitos os questionamentos de quem atua nessa área em meio a tantas e rápidas mudanças, mas temos hoje uma necessidade eminente da reinvenção do RH para atender às novas demandas do mercado, das empresas e dos próprios colaboradores. Se por um lado passamos a contar com sistemas que nos ajudam a monitorar as atividades com muito mais agilidade, em contrapartida precisamos desenvolver pessoas e equipes de trabalho para esse novo cenário, atuando junto a cada indivíduo, levando em consideração seus perfis diversos.

Os conceitos da Indústria 4.0 estão presentes em todos os setores e não seria diferente em Recursos Humanos. A responsabilidade é cada vez maior em selecionar e desenvolver a força de trabalho para esse novo modelo de produção. Em tempos de RH tecnológico, é importante humanizar as relações, para construir um ambiente organizacional mais colaborativo, de convivência mais saudável. A tendência é delegar às máquinas e aos sistemas as atividades repetitivas e que não exigem pensamento crítico, com isso os profissionais passarão a ter mais tempo para se dedicar às pessoas.

Contamos cada vez com mais recursos tecnológicos, mas precisamos ter claro que a tecnologia por si só não tornará as pessoas mais felizes.

Pesquisas apontam que nunca tivemos tantos casos de depressão e ansiedade como na atualidade.

Em 2018, a Organização Mundial da Saúde (OMS) estimou que, em 2020, a depressão seria considerada a doença mais incapacitante do mundo. A Associação Brasileira de Psiquiatria (ABP) estima que entre 20% e 25% da população tiveram, têm ou terão um quadro de depressão em algum momento da vida.

Nos primeiros nove meses de 2018, o Instituto Nacional do Seguro Social (INSS) concedeu 8.015 licenças por transtornos mentais e comportamentais. Um aumento de 12% em comparação ao mesmo período de 2017.

Somado a tudo isso, a partir de 2020 vivemos uma experiência singular provocada pelo isolamento social, adotado como medida preventiva em função da pandemia da COVID-19, na qual a ansiedade e a insegurança em relação à saúde, ao trabalho e ao futuro afloram sobremaneira, e um olhar empático em relação a essas questões passa a ter importância cada vez maior. Pensar e agir em prol das pessoas colocou o RH em uma posição mais protagonista do que nunca, tornando-o estratégico para subsidiar as tomadas de decisão.

Vivemos um novo normal que exige colocar foco total nas pessoas, e na prática a gestão humanizada coloca o colaborador no centro de tudo, o que exige atenção com as subjetividades de cada um. Teremos as metas a bater, os indicadores para monitorar, os treinamentos a promover, a avaliação de desempenho para mensurar, mas teremos também de pensar nas pessoas como indivíduos e entender suas necessidades, o que só é possível se estivermos dedicando tempo para conhecê-las com interesse genuíno. Como diz a autora Susanne Andrade (2014), em seu livro *O Segredo do Sucesso é Ser Humano*, "esteja inteiro e interessado no outro, esse é um bom começo para a humanização dos seus relacionamentos".

Conhecendo-as conseguiremos adaptar melhor os procedimentos da empresa às suas demandas. O vínculo criado será maior, bem como a efetividade de nossas ações, que passam a ser planejadas considerando o perfil de nosso público, não apenas em dados quantitativos, mas na percepção real de suas expectativas.

O RH humanizado tem como premissa básica atuar estrategicamente para contribuir com o bem-estar de cada colaborador que, motivado, também trará melhores resultados.

Um estudo realizado pela Universidade da Califórnia identificou que um trabalhador feliz é, em média, 31% mais produtivo, três vezes mais criativo e vende 37% a mais em comparação com outros. Então não estamos falando de atuar como "bonzinhos", somos os profissionais que trarão resultados à empresa com e para as pessoas.

Segundo Cortella (2017), em seu livro *Por que Fazemos o que Fazemos?*, "as empresas vivem de resultados obtidos a partir da competência que carregam, e essa competência está nas pessoas, por isso as empresas vivem das pessoas".

Pensar em gestão humanizada exige três pilares básicos, sem os quais pouco evoluímos nesse propósito. São eles:

- **Observar**: entender as demandas dos colaboradores como indivíduos, não como matrícula, departamento ou custo. A partir dessa observação, saberemos como podemos ajudar em suas necessidades diárias em relação ao trabalho. Aqui não estamos falando apenas de análise de dados, mas da observação empática, pessoal e subjetiva.
- **Aproximar**: para criar a conexão é necessária uma relação de confiança, que se favorece dessa aproximação. Aqui a liderança tem um papel fundamental, porque precisa transmitir a todos os liderados que terão suporte às suas demandas. Não podemos apenas nos aproximar dos colaboradores quando precisamos, é necessário estar ao lado deles para servir e não apenas para sermos servidos.
- **Adaptar**: adaptar a empresa às necessidades do colaborador é uma tarefa difícil, exige a prévia observação, aproximação, mas acima de tudo estar aberto a novas ideias, processos e relações. Trazer modelos prontos para implantar traz grande risco ao resultado. O fato de uma prática ou programa ter bom resultado em uma empresa não significa necessariamente que será assim em outra. Algumas vezes será necessário adaptar a partir da observação e aproximação previamente realizada.

Nesse mundo BANI (frágil, ansioso, não linear e incompreensível), o RH tem um papel fundamental de suporte aos líderes na mudança de *mindset*, e a liderança precisa ser desenvolvida nas *soft skills* essenciais para esse novo cenário.

Para ser esse agente de transformação, o RH precisa ter em sua base de formação pessoas que estejam tecnicamente preparadas, e que se importam com o Ser Humano, acreditando em suas potencialidades. Ele deve ser exemplo de empatia, ter a capacidade de ouvir e habilidade relacional para desenhar a *employee experience*, receber os *feedbacks* dos clientes internos e se conectar com as pessoas de maneira genuína, criando um ambiente de aprendizado dinâmico para as melhorias das relações e dos processos.

Nesse caminho para desenvolver uma gestão humanizada é essencial:

- Promover e ampliar canais de comunicação: estamos falando em canais mais eficientes. Aqui o foco deve ser potencializar as relações entre líder e liderado, ampliar a prática de *feedback* e criar mecanismos de escuta, oportunizando que os colaboradores tragam suas impressões sobre sua relação com os líderes, expondo sugestões e críticas. Quanto mais as interações forem naturais, maiores as possibilidades de surgirem ideias novas e *feedbacks* assertivos.
- Criar estratégias de incentivo: a recompensa pelo trabalho é sempre um motivador a mais na busca pela excelência; aqui o cuidado deve ser gerar reconhecimento que valorize as metas individuais e também da equipe, estimulando a cooperação e a competição saudável. Para criar estratégias mais efetivas é importante conhecer o colaborador. Cada um possui a sua personalidade, seus próprios valores, propósitos, suas necessidades e o seu momento de vida. Para quem tem filhos, por exemplo, as necessidades e prioridades são diferentes daqueles que não os têm. Hoje os ambientes de trabalho multigeracional exigem uma atenção maior na hora de definir o que é importante para as pessoas no ambiente organizacional, o que as motiva, quais os benefícios ideais. Pouco adianta premiar ou reconhecer alguém com aquilo que não faz sentido para ele.

É importante oferecer parcerias e benefícios individuais e/ou coletivos (extensivos às famílias). Há várias possibilidades, quanto mais flexível o benefício for, melhor, ampliando a possibilidade de atender às diversas expectativas.

- Implantar programas de desenvolvimento: o principal objetivo do RH humanizado deve ser o de atuar e promover o crescimento das pessoas e, consequentemente, da empresa. Conforme o público, podemos lançar mão de diversos recursos, a exemplo de bolsas de estudo, jornada flexível para estudo, mentoria, cursos presenciais, gamificação, *blended learning*, *workshops*, *coaching*, *on the job*, disponibilização de equipamento para acesso a cursos *on-line* no expediente de trabalho, entre muitos outros.
- Desenvolver as lideranças: sem o apoio da liderança poucos serão os resultados do RH. Nessa relação entre líder e liderado encontram-se os conflitos mais recorrentes nas organizações. Ouvi outro dia uma especialista dizer que desenvolver liderança é café, almoço e janta do

RH, e é verdade. É importante mapear as lideranças e identificar suas potencialidades para, então, desenvolvê-las de forma eficaz. Aqui são bem indicados treinamentos voltados para as *soft skills* e o uso das técnicas de *coaching* e mentoria, mantendo o monitoramento e a avaliação para mensurar a efetividade das práticas adotadas.
• Equilíbrio entre vida pessoal e carreira: é tão importante que representa um dos itens avaliados pela Pesquisa da GPTW. Com os recursos tecnológicos hoje disponíveis, estamos muito mais conectados ao trabalho, mesmo em horários de lazer. Observar as normas vigentes já não é suficiente, precisamos ir mais além, ampliar a experiência com jornada flexível, práticas de home office, e sempre que oportuno ouvir dos colaboradores como está o ritmo de trabalho. Intensidade e aceleração constante podem contribuir com a sobrecarga e comprometem a qualidade de vida.
• Bom clima organizacional: todo trabalho do RH é para criar um ambiente saudável, com relações colaborativas. Pouco adianta espaços coloridos, ambientes harmonicamente planejados se as relações forem tóxicas e houver dificuldades de comunicação direta. Respeitar as diferenças, integrar as equipes e promover a escuta ativa é essencial.

Não podemos deixar de evidenciar que promover ações de diversidade e igualdade é essencial na construção desse clima. Oportunizar igualdade de oportunidades a todos favorece um ambiente mais ético e justo, além de assegurar que as melhores pessoas sejam promovidas e as melhores ideias sejam implantadas.

É importante também criar momentos de descontração e interação social para diminuir as tensões e favorecer a promoção da saúde mental. Existem muitas iniciativas, como criar ambientes *cool* com sala de café e descanso, ou mesmo sala de jogos, refeitórios aconchegantes e espaços de leitura. Todas essas iniciativas reforçam os vínculos e cooperação entre as equipes.

Como defende Chiavenato (2005),

> é a maneira como as pessoas são tratadas dentro das empresas que vai determinar a sua produção. Quando as organizações apenas controlam e reprimem os seus funcionários, a tendência é bloquear as capacidades de estes produzirem e inovarem; contudo, quando são valorizados e incentivados, a propensão é a criação, inovação, produtividade e motivação maior.

Um RH humanizado precisa ter o olhar voltado para o Ser Humano, inspirado em servir aos colaboradores; é nesse propósito que os caminhos descritos nos levam a um perfeito exercício. Não há uma fórmula. Cada empresa terá de encontrar, a partir da observação e aproximação com seu público, as adaptações necessárias e as práticas que façam sentido para chegar ao resultado esperado.

O bom resultado das empresas vem do compromisso que seus colaboradores têm com o negócio, e a forma mais efetiva de mantê-los nesse propósito é fazê-los se sentir igualmente cuidados.

Referências

ANDRADE, S. *O segredo do sucesso é ser humano*. São Paulo: Primavera Editorial, 2014.

CAMPOS, F. V. (2 de Setembro de 2015). *A humanização como diferencial competitivo nas empresas*. Disponível em: <https://rhportal.com.br/artigos-rh/a-humanizao-como-diferencial-competitivo-nas-empresas/>. Acesso em: 20 de maio de 2020.

CHIAVENATO, I. *Comportamento organizacional: a dinâmica do sucesso das organizações*. Rio de Janeiro: Elsevier, 2005.

CHIAVENATO, I. *Gestão de pessoas, o novo papel dos Recursos Humanos nas organizações*. Rio de Janeiro: Campos, 1999.

CORTELLA, Mario S. *Por que fazemos o que fazemos?* São Paulo: Editora Planeta do Brasil, 2017.

3

UM OLHAR PARA O OUTRO

Meu objetivo é compartilhar um pouco do meu processo de espiritualização e da minha experiência com o voluntariado social. Mostrarei que, ajudando o próximo, todos os envolvidos são beneficiados e que isso é algo acessível a qualquer um, o que exemplifico com a criação do Grupo Social Bem Me Quer. Falarei também da nossa relação com as pessoas em situação de vulnerabilidade, o que as levou a isso, como se sentem e como é o processo de reinserção na sociedade.

ANDRÉA CURI DA SILVA

Andréa Curi da Silva

Graduada em Turismo pela Faculdade de Turismo da Bahia, diretora de vendas Mary Kay, dirigente do Grupo Social Bem Me Quer, pós-graduada em Liderança e Coaching pela Estácio e cursando Professional & Self Coaching (PSC *on-line*) pelo IBC - Instituto Brasileiro de Coaching.

Contatos
andreacuri@gmail.com
Instagram: @andreacurisilva / @grupo_bemmequer
Facebook: Andréa Curi
71 99158-2303

Seja a mudança que você quer no mundo.
Mahatma Gandhi

Qual o nosso papel no mundo? O que podemos fazer pelo próximo? Como podemos contribuir para uma sociedade melhor e mais igualitária? Que exemplo podemos deixar para os nossos filhos? Essas indagações me acompanham até hoje e sempre me questiono por que existe tanta desigualdade social, tanta fome, pobreza, pessoas vivendo na mais absoluta miséria e de forma precária, sem saneamento básico e pessoas em situação de rua.

Essas injustiças sociais me incomodam muito. Ver a miséria do outro me inquieta, me angustia e me deixa triste, mas durante muito tempo nada fiz para mudar essa realidade, pois achava que para ajudar o próximo eu precisava ter muito dinheiro e tempo disponível e que era responsabilidade do governo e grandes empresários resolver essa situação. Continuava com as minhas inquietações, mas terceirizava a responsabilidade de fazer algo em prol dos mais necessitados.

Em 2012, ingressei na Doutrina Espírita e iniciei na Escola de Aprendizes do Evangelho na Fraternidade Espírita Aprendizes do Evangelho (FEAE). Uma das atividades da escola eram as Caravanas de Evangelização e Auxílio, onde visitávamos asilos, creches ou orfanatos, com o objetivo de levar recursos materiais e um pouco de conforto espiritual. A primeira vez que participei foi bem impactante. Encarar aquela realidade, que eu sabia que existia, mas nunca tinha visto tão de perto, me abalou muito. Concluídos os 3 anos de escola, a vontade de dar continuidade aos trabalhos voluntários continuava, mas eu me acomodei.

Até que em outubro de 2018 nasceu o Grupo Social Bem Me Quer. O convite para criá-lo veio da minha amiga Carol Cairo. Fomos da mesma turma na Escola de Aprendizes e tínhamos a vontade de ampliar as atividades que vivenciamos durante as Caravanas. Ela havia sonhado com esse trabalho, me convidou para iniciarmos juntas o projeto e eu aceitei na hora. Foi a junção do seu sonho com a nossa vontade de fazer algo pelos mais carentes, contribuindo assim para a construção de uma sociedade melhor.

Iniciamos com muita coragem e entusiasmo, mas com todos os medos e incertezas que envolvem um novo projeto. Não sabíamos se daria certo nem por onde começar. Apenas colocamos o coração à frente e começamos. Mais pessoas foram se juntando a nós e o projeto foi crescendo. Iniciamos com o foco nas pessoas em situação de rua, mas outras ações foram sendo sugeridas por nossos voluntários, analisadas a viabilidade de execução por mim e por Carol, e colocadas em prática por todos. Atualmente, temos um leque de ações variadas e é maravilhoso, pois temos a oportunidade de ajudar mais necessitados.

Estar à frente de um trabalho social não é algo fácil. Envolve dedicação, tempo, desprendimento, habilidade para liderar, resolver problemas, lidar com pessoas, com as nossas emoções e sentimentos e acima de tudo, muito amor. Precisei ressignificar os meus sentimentos passando por um processo de autoconhecimento, autoaceitação e autoamor, para entender o meu papel no mundo, e a Escola de Aprendizes foi fundamental nessa jornada. O nosso professor Dalmo sempre nos dizia que "quando o trabalhador está pronto o trabalho aparece". É a mais pura verdade, porque não podemos dar e doar aquilo que não temos. Precisei me encher de amor para aprender a doá-lo e essa jornada em busca de mim mesma e da minha espiritualização está só começando e acontece de forma natural.

Não precisamos ser perfeitos para ajudar o próximo, e não é necessário ter uma religião para tal. Longe disso. O importante é transformar o nosso "eu humano", que é egoísta, orgulhoso, julgador e preconceituoso, no "eu sagrado", mais altruísta, solidário, amoroso e compreensivo. Em outras palavras, deixar o nosso ego de lado. É importante estarmos inteiros para partilhar. E se eu posso, qualquer um pode! Basta dar o primeiro passo, ter vontade, iniciativa e se unir a indivíduos com os mesmos ideais. Tem muita gente querendo contribuir e não sabe por onde começar, mas quando encontram um grupo que está agindo, eles se juntam e agregam muito.

Qualquer ação voluntária é uma escolha pessoal, mas isso não significa que deve ser realizada de forma amadora e descompromissada. Deve ser desenvolvida de forma ética, organizada e com responsabilidade. É um compromisso assumido com a sociedade, com os outros voluntários e com os assistidos. A ação de um impacta o todo. Mas o que leva uma pessoa a fazer ações sociais, a ajudar alguém que ela não conhece?

A, muitas vezes, se arriscar à noite, nas ruas, para levar um alimento, ou a entrar em uma comunidade desconhecida para entregar uma cesta básica?

Alguns pontos em comum foram relatados pelos integrantes do Bem Me Quer, entre eles: querer se sentir útil, diminuir as desigualdades sociais, levar conforto material e espiritual para o próximo, dividir um pouco do que tem, colocar em prática a fala do Cristo, que nos ensina a amar o próximo; necessidade de fazer algo com as próprias mãos e levar mais dignidade para as pessoas em situação de vulnerabilidade. Alguns já praticavam essas ações com os pais e continuam seguindo o exemplo, e outros fazem simplesmente pelo desejo de ajudar. Eles doam seu tempo e sua energia, mas têm a oportunidade de conhecer novas realidades, conviver com pessoas diferentes, fazer novas amizades, desenvolver novas habilidades e, assim, tornam-se cidadãos mais conscientes e humanizados.

O que me chama mais a atenção é a vontade de levar dignidade para essas pessoas e diminuir as desigualdades sociais. É importante lembrar que estamos ajudando seres humanos, que passam despercebidos pela sociedade, quase invisíveis aos nossos olhos, e que, por algum motivo, estão numa situação desfavorável, com sonhos ceifados, sem perspectiva de dias melhores, sem suas necessidades básicas sanadas, vivendo num ambiente insalubre e quase sempre violento.

Durante as nossas ações, em especial o café solidário, quando levamos alimentos à noite para as pessoas em situação de rua, sempre interagimos com os nossos assistidos para entender a razão de estarem ali e os motivos mais comuns são a perda do emprego, envolvimento com as drogas, o alcoolismo, o término de um relacionamento, depressão, morte de parentes, perda de moradia, brigas familiares, agressões físicas, agressões morais e abandono.

Nunca é uma única causa que os impulsiona a estarem nas ruas, é uma junção de alguns dos motivos citados. A maioria não quer estar nessa situação, mas a reinserção na sociedade não é fácil. São feridas profundas que eles carregam e o processo de recuperação é lento. Segundo a Irmã Lena, do Projeto Social Levante-te e Anda, quanto mais tempo nas ruas, mais difícil eles saírem, pois estabelecem vínculos com lugares e pessoas, então vão criando estratégias para sobreviver. Outro desafio que os impede de saírem das ruas é a dificuldade em cumprir regras quando encontram um local que os acolhe. Estão tão habituados à vida sem controle, sem limites e sem horários, que é difícil, para alguns, essa readaptação.

Segundo o último censo do Projeto Axé em 2017, estima-se que existem cerca de 17 mil pessoas em situação de rua em Salvador. Acredito que em 2020, com as consequências geradas pela crise mundial da COVID-19, esse número seja bem maior. Em dezembro de 2019, foi assinado um convênio entre a SEMPRE (Secretaria Municipal de Promoção Social e Combate à Pobreza) e o Projeto Axé, para um novo diagnóstico dessa situação, mas até a presente data não temos o resultado.

As políticas públicas brasileiras ainda não são tão eficazes para resolver a problemática da pobreza em nosso país nem para reinserir essa população à sociedade. Existem alguns órgãos públicos como o *CIAMP Rua* (Comitê Intersetorial de Acompanhamento e Monitoramento da Política Nacional para População em Situação de Rua), que têm a função de avaliar e monitorar as políticas públicas voltadas para a população em situação de rua, e os *Centros Pops*, que acolhem essa população, mas ainda não são suficientes, por isso é importante o engajamento de grupos voluntários como o nosso.

Sabemos que as desigualdades sociais estão longe de acabar, e que o trabalho social que desenvolvemos ainda é pouco diante de tantos necessitados. Temos consciência de que essas ações não vão mudar o mundo, pois as questões sociais são muito mais profundas. Mas estamos contribuindo para a construção de uma sociedade mais igualitária. É uma relação em que todos ganham. O voluntário, porque tem a oportunidade de servir, se desenvolver como pessoa, fazer novas amizades, vivenciar novas experiências, e assim construir relações humanas baseadas na ética, no amor ao próximo e na solidariedade. O assistido, porque está sendo acolhido, visto e cuidado, tendo as suas necessidades básicas sanadas naquele momento, e a sociedade, porque terá cidadãos mais engajados, humanos e conscientes da necessidade de união e ajuda mútua, principalmente em tempos de crise.

Com certeza essas ações mudam a realidade das pessoas que estão sendo ajudadas naquele momento. Ter a oportunidade de matar a fome de uma pessoa que não come há dois dias, ou que está fazendo a primeira refeição do dia naquele instante, é algo incrível! Poder levar uma palavra de conforto e de olhar para o outro como um ser humano igual a nós é transformador, nos aproxima e então percebemos que somos todos humanos, com o sonho de um mundo melhor.

Nunca na história da humanidade tivemos tantas oportunidades de ajudar como no momento de pandemia que vivemos em 2020 e em 2021. O número de desempregados cresceu muito, devido à crise mundial causada pela COVID-19. Como consequência, temos mais famílias passando fome, mais pessoas em situação de rua e mais desigualdades sociais, então é uma excelente oportunidade para começar!

Existem várias maneiras de ajudar, doar e praticar a caridade. Você pode começar fazendo algo que sabe, como cozinhar ou costurar, pode doar recursos materiais e financeiros, doar o seu tempo (visitando uma instituição carente, participando de uma ação de rua, escutando o próximo, orando, doando sangue), levar um pouco de conforto espiritual para o próximo ou simplesmente divulgar as ações dos grupos sociais para angariar mais recursos e donativos.

Quando praticamos a caridade achamos que estamos ajudando o próximo, mas, na verdade, nós é que estamos sendo ajudados. As dores da nossa alma vão se curando à medida que desenvolvemos o trabalho do bem, pois percebemos que os nossos desafios existenciais são pequenos diante do que essa população enfrenta diariamente. Sentimos uma sensação de leveza, de paz interior e de dever cumprido por poder fazer algo para aliviar a dor do próximo. Outro fato que nos faz ter a certeza de que estamos no caminho certo é o carinho e a gratidão que recebemos dos nossos assistidos. Como diz Ricardo Melo, "só quem pratica o bem sabe como é bom fazer o bem". Todo o esforço é revertido em agradecimento, sorrisos, aprendizado, calor humano, realização e amor.

Cada ser humano tem a sua história de vida e o processo de conscientização e espiritualização de cada um acontece de forma natural, de acordo com as suas vivências. É uma relação individual com Deus e consigo, mergulhando no seu íntimo, enfrentando seus medos, defeitos, se aceitando e transformando. E à medida que caminhamos percebemos que somos pequenos, que a estrada é longa e que temos muito a aprender e evoluir, pois somos seres imperfeitos em busca de progresso moral, espiritual e pessoal. Se vale a pena todo o esforço e dedicação? Vale muito a pena! É fácil? Não, mas é simples! E os resultados são percebidos em todas as áreas da nossa vida, pois somos seres sistêmicos e cheios de amor para partilhar com o próximo e, assim, contribuir para um mundo melhor para todos.

Referências

ALMEIDA, Henrique. *Pessoas em situação de rua são alvo de censo*. Disponível em: <https://atarde.uol.com.br/bahia/salvador/noticias/2076313-pessoas-em-situacao-de-rua-sao-alvo-de-censo>. Acesso em: 30 de abr. de 2021.

Entrevista com voluntários do Grupo Bem Me Quer.

Entrevista com Irmã Lena do Projeto Levanta-se e Anda.

GUSMÃO, A. M. de. *O voluntariado deve começar hoje, agora!*. 2020. Disponível em: <https://responsabilidadesocial.com/artigo/o-voluntariado-deve-comecar-hoje-agora>. Acesso em: 19 de fev. de 2021.

MERELES, C. *Pessoas em situação de rua: a complexidade da vida nas ruas*. Disponível em: <https://politize.com.br/pessoas-em-situacao-de-rua>. Acesso em: 19 de fev. de 2021.

MIRANDA, Milena. *Cerca de 20 mil pessoas vivem nas ruas de Salvador*. Disponível em: <https://www.mpba.mp.br/noticia/36275>. Acesso em: 30 de abr. de 2021.

4

A ARTE DE CULTIVAR O RELACIONAMENTO MAIS IMPORTANTE DA SUA VIDA

Neste capítulo, você encontrará caminhos e estratégias para buscar a reconexão com a sua essência. Essa é a única maneira de restabelecer o equilíbrio no relacionamento que mais importa na sua vida: a relação consigo mesmo. Encontre inspiração no relato vivencial de uma mulher à beira dos 50, que ousou desafiar o próprio ego e encontrou, à sua maneira, o caminho de volta para si.

AYESKA AZEVEDO

Ayeska Azevedo

Jornalista, graduada em Comunicação pela Universidade Federal da Bahia (UFBA), pós-graduada na área de Educação pela Unibahia e terapeuta integrativa. Atuando por 27 anos na área de comunicação, foi repórter da editoria de Economia no jornal Correio, onde também assinou uma coluna sobre mercado de trabalho. Com a carreira focada em comunicação corporativa e relações institucionais, teve a oportunidade de trabalhar na esfera pública e privada. É empreendedora e pesquisadora em dança-educação e, há quase 20 anos, conduz grupos terapêuticos femininos. Fundou A Vida em Flor, um sonho antigo materializado em 2019, quando realizou sua transição de carreira. Desde então, tem atuado com o impulsionamento de profissionais para o empreendedorismo e transição de carreira. Compartilha suas experiências com pessoas que desejam criar uma nova realidade em suas vidas.

Contatos
ayeskaazf@gmail.com
Instagram: ayeska.azevedo

Responda honestamente: quem é a pessoa mais importante com quem você precisa se relacionar na sua vida? Se você fizesse essa pergunta para mim alguns anos atrás, talvez eu te respondesse com uma lista de pessoas.

Hoje, afirmar que essa pessoa sou eu mesma é a única resposta possível para mim. E vou te contar o porquê. Sabemos da importância da vida em sociedade, o poder dos relacionamentos para nos trazer alegria, dar e receber afeto, ser o suporte quando precisamos.

Afinar o relacionamento consigo mesmo é um ponto crucial para se relacionar bem com os outros. E falo isso com a vivência de quem passou por uma profunda busca interior que ajudou a me perceber como prioridade nos relacionamentos.

Durante muito tempo, permiti que minha vida girasse em torno de outras pessoas. Neguei a mim mesma o direito de escolher estar onde eu queria e de fazer o que desejava. Não tinha a presença de pessoas que eram importantes para mim e me martirizava por isso. Até achava isso normal para a vida que eu levava.

Acontece que em algum ponto a ficha caiu (ainda bem)! Me dei conta de que a desconexão comigo mesma era tamanha que, às vezes, eu até esquecia se já havia almoçado, se amanhã era domingo ou segunda... coisas básicas que para mim não estavam importando. Até o momento em que tive noção da dose de anestesia que estava recebendo.

A essa altura eu já não tinha tempo de encontrar meus pais, meus irmãos, meus filhos, meu marido, meus amigos. Encontrar a mim mesma, então, nem pensar! Levava uma vida no automático e isso deixava claro que, enquanto eu não me relacionasse bem comigo, jamais conseguiria cultivar bons relacionamentos com os outros. Algo de muito errado estava acontecendo e demorei a perceber que eu era a autora da minha própria história.

Ter consciência de tudo isso não foi fácil e levou tempo. No primeiro momento, dezenas de horas em terapia para conseguir ter uma visão mais clara do que até então estava embaçado. O segundo passo foi iniciar os estudos em terapia transpessoal com a clareza do propósito: ter reforço na minha caminhada de autoconhecimento e me tornar terapeuta.

À medida que eu avançava no meu processo de me relacionar comigo mesma, fui encontrando muitas pessoas pelo caminho passando exatamente pelo mesmo que eu.

Algumas já estavam muito à frente na retomada de si mesmos, outras ainda estavam iniciando esse processo. A beleza disso tudo foi perceber que eu não estava só, e que essa desconexão era um dos males da vida moderna. Sorte a minha descobrir que o poder para sair desse círculo vicioso estava em minhas mãos.

E fez-se o isolamento social!

Você pode discordar de mim e até achar que estou exagerando. Mas o fato é que, quando iniciamos o período de isolamento social em 2020, eu estava de tal modo conectada comigo mesma que pouco estranhei a obrigatoriedade de ficar em casa.

De certa forma eu até gostei (não da pandemia nem de seus efeitos na humanidade, que fique claro!). Estava curtindo a chance de ter mais tempo para colocar em prática um monte de ideias.

Claro que vieram os desafios. Ter de me relacionar por mais tempo com minha família dentro de casa foi uma prova de fogo. Estava há anos fora do convívio intenso e diário, e de repente estávamos todos juntos em um apartamento. Confesso que só tirei de letra porque estava bem trabalhada na minha relação comigo mesma.

Se em algum momento percebia que o clima ficava difícil, dava um jeito de harmonizar o ambiente e apelar para alguma técnica que me trouxesse de volta para o estado de paz mental.

Passei a intensificar a autoaplicação do Reiki e a terapia floral diariamente. Estendi a possibilidade para meus familiares, avisando a eles que havia uma garrafinha de água com florais na geladeira. Quando alguém se sentia em emergência, era só abrir a geladeira e tomar uma dose.

Se essa pandemia acontecesse dois anos antes, confesso que não estaria aqui contando essa história. E compartilho porque acredito que o poder de transformação das pessoas pode ser a salvação para a humanidade.

De nada adianta frequentar lugares badalados e se relacionar com pessoas "importantes" se você não busca a si mesmo no silêncio da sua alma. O que é mesmo que te faz ser importante na vida que você leva?

Passamos todos os dias correndo atrás de uma adaptação ao ritmo que a sociedade nos impõe. Hora de acordar, hora de ir trabalhar, pausa para o almoço, retornar ao trabalho e, finalmente, voltar para casa. E no dia seguinte, começar tudo outra vez.

No decorrer do dia, ainda temos de dar um jeito de acompanhar o ritmo frenético das redes sociais. É o excesso de mensagens no celular, com notícias chegando com tanta velocidade.

Não temos tempo para digerir aquela informação e já estamos partindo para a próxima. E mesmo com tudo isso nos cobramos atividade diária nas redes sociais, relacionamentos azeitados e nosso *networking* aumentando sempre.

Você pode até se lembrar daquele risoto cuja linda foto postou nas redes sociais. Pode ter ficado feliz por receber tantos *likes* naquela foto. Mas será que você se proporcionou viver aquela experiência com toda a sua inteireza? Lembra qual era o cheiro do risoto? Qual era o seu sabor e a sua textura? Teve tempo para se deliciar com as cores do risoto que trouxeram o brilho para os seus olhos naquele momento?

Uma vida em desconexão consigo mesmo é uma vida em preto e branco. E lhe digo que todos nascemos com o direito de viver uma vida em cores.

Você também está vivendo no automático?

Para mim, não será surpresa se você se identificar com minha história ou com alguns pontos dela. O que aconteceu comigo tem altíssima probabilidade de acontecer com qualquer ser humano do planeta, porque estamos sendo conduzidos por um ritmo de vida que não é o natural.

Como é possível passar para fora se não estamos olhando para dentro? Como um ser humano pode dedicar tempo a relatar suas façanhas diárias para seus seguidores, se ele nem teve tempo de perceber e saborear a experiência que viveu?

Alimentar todos os nossos sentidos faz parte dessa caminhada de se relacionar bem consigo mesmo. Estar presente no aqui e agora é um passo importante para uma longa trilha rumo ao seu autoconhecimento. A foto do risoto pode ficar para depois. Os *likes* podem esperar.

Quando você está bem consigo mesmo, não precisa dos elogios nem da aprovação de ninguém. E de quebra, tem muito mais chance de manter os melhores relacionamentos na sua vida.

Lembro-me de que, às vezes, eu sentia uma ansiedade quando precisava entregar um projeto no trabalho. Não precisava ser algo grandioso. O simples fato de saber que algo estava sob minha responsabilidade já era suficiente para me deixar em estado de alerta, inclusive durante o sono.

Por anos a fio, enquanto dormia, eu fazia *checklist* mentalmente durante a madrugada. Realizava tarefas supercomplexas e, quando acordava de manhã, muitas vezes tinha uma solução pronta. No entanto, estava destruída, porque meu cérebro não havia descansado.

É claro que, nesse esgotamento mental, várias vezes me indispus com pessoas, porque minha capacidade de ponderação estava comprometida. Em vários momentos, ao rever situações passadas, não me reconheci na minha reação. Depois de muito tempo comecei a verificar que havia um link entre esses episódios e o estado de fadiga extrema.

Algo começou a mudar quando passei a me desligar completamente por imposição da tecnologia (ou a falta dela!). Explico! Por 13 anos morei em um sítio no meio do mato, porém próximo à área urbana.

Nos primeiros anos em que morei lá, a única forma de ter acesso à internet era por uma conexão discada. Se chovia, aí era caso perdido. Ficávamos sem energia elétrica e sem telefone caso caísse algum galho de árvore na fiação. Sinal de celular também era uma dificuldade enorme, muita gente não conseguia falar comigo.

Isso me deu uma grande vantagem na busca por acalmar a mente. Conseguir passar finais de semana inteiros sem receber nenhuma ligação era tão desesperador quanto libertador, e no final das contas eu me sentia no lucro.

Essa realidade da vida em um local isolado me ajudou a lidar do meu jeito com a velocidade nos relacionamentos digitais. Sempre usei as tecnologias para o que era fundamental. Essa postura me ajudou a não surtar e a manter minha mente arejada.

Não participava de grupos no celular. Não via sentido em ficar nos grupos só para rir das piadas e compartilhar amenidades. E veio o primeiro desafio ao assumir essa postura: algumas pessoas não me entendiam e se achavam no direito de me questionar.

Gentilmente, ignorava de forma solene as opiniões de quem não estava vivendo a minha realidade. Deu trabalho, mas aos poucos isso me empoderou e as pessoas começaram a respeitar.

De férias, mantinha distância de notícias, redes sociais, aplicativos de conexão por celular e qualquer apelo tecnológico. O objetivo era viver as férias por inteiro e voltar renovada para o próximo ciclo no trabalho.

Construindo uma nova realidade

Tomar consciência da minha realidade foi um choque. Mas não adiantava saber do que eu sabia e não fazer nada para mudar isso. No meu caso, a única saída que parecia possível era uma mudança no meu estilo de vida profissional. O trabalho na área de comunicação exigia de mim algo que estava me causando sofrimento. Por mais que eu amasse minha profissão, meu trabalho e tudo o que vinha com ele, era fundamental me colocar em primeiro plano.

Eu sabia que precisava construir uma nova realidade para mim – estar aqui hoje escrevendo minha história, por exemplo. Não é fácil sair do ponto em que a gente se encontra sem causar alguns estragos pelo caminho. Afinal, trata-se da nossa rotina, do nosso sustento, de coisas que abdicamos, porque achamos que é melhor abdicar.

Ao longo do processo, a gente precisa seguir abrindo mão de coisas que importam para nós. Tem uma dose de sofrimento nisso tudo, mesmo quando a nova realidade é tão desejada e carregada de promessas.

Valeu a pena cada perda que eu tive. Os ganhos estão sendo muito maiores e hoje posso dizer que vivo como um ser humano integrado. E se você sente que precisa fazer alguma coisa pela sua conexão consigo mesmo, trago algumas dicas experimentadas por mim que podem te ajudar:

- Localize o que faz você se desconectar de si mesmo na sua rotina. É algo de que você pode abrir mão? Transformar? Lidar de outra maneira? Ter consciência sobre a nossa real situação é o primeiro passo para percebermos a potência que habita em nós.
- Procure tirar pelo menos 10 minutos no dia para não pensar em nada. Escute o ritmo de sua respiração, feche os olhos, visualize a si mesmo de forma amorosa e gentil.
- Faça uma lista de coisas que são importantes para si, mas de que você abriu mão. Que tal avaliar a possibilidade de colocá-las em prática gradativamente?
- Pratique atividade física sem companhia sempre que possível. Caminhadas são uma oportunidade de ouro para a gente pensar na vida, escutar nossa voz interior e tomar boas decisões.
- Reconheça as qualidades que você tem. Não se compare com ninguém. Você é um ser humano único e especial do jeito que é.

- Trace um plano de ação levando em conta a sua realidade atual e a que deseja alcançar. Todos os passos que você vai dar diariamente precisam te conduzir nessa direção.
- Busque terapias para te apoiar: psicoterapia, florais, terapias energéticas e corporais, aromaterapia etc. Existe uma infinidade de terapias integrativas muito úteis para aliviar a tensão e reconectar sua essência com o seu corpo e a sua mente.
- Procure oferecer estímulos sensoriais diferentes para a sua vida. Aromas, sabores, cores, texturas, sons... Despertar os sentidos faz a gente voltar para a vida.
- Converse com pessoas que estão passando por isso ou que já passaram e têm histórias para contar. Elas são ótimas referências e podem trazer formas criativas para ajudar você a lidar com esse processo.
- Tenha paciência e gentileza consigo! Lembre-se de que é sua escolha refazer essa conexão, mas que talvez não seja tão rápido se encontrar novamente. Aceite o ritmo das coisas.

Espero que minha história te ajude a iniciar o seu processo de volta para casa. Meu desejo de coração é que todas as pessoas sejam felizes encontrando a si mesmas e tendo uma vida plena. Todo ser humano merece!

5

CONEXÃO EMOCIONAL E CONEXÃO DIGITAL

Com a utilização da tecnologia digital, as relações humanas estão se modificando, permitindo acessibilidade, versatilidade e inovação. Neste capítulo, iremos verificar como ocorre a conexão digital e a conexão emocional, suas vantagens e desvantagens, a aplicabilidade no dia a dia e sua importância para o relacionamento com as pessoas ao nosso redor.

DANIELLA DE OLIVEIRA SANTOS LEAL

Daniella de Oliveira Santos Leal

Médica veterinária graduada pela Universidade Federal da Bahia (2008) com especialização em Inspeção Industrial e Sanitária de Produtos de Origem Animal pela Unime (2014), pós-graduanda em Liderança e Coaching pela Universidade Estácio de Sá. Foi supervisora de treinamentos de formação profissional, do Programa de Aprendizagem e de Treinamentos de Metodologia de Ensino. Gestora de equipe, investidora, *Empreteca* e bailarina amadora.

Contatos
daniella.mv@hotmail.com
Instagram: daniella.mv
LinkedIn: Daniella Santos
71 99995-5142

A etimologia da palavra "conexão" vem do latim *conexione*, que significa "ligação", "união". A conexão existe há muitos anos, sendo utilizada para transmitir algum tipo de mensagem, podendo ocorrer por diferentes possibilidades, como: pelo canto dos pássaros, pela melodia de uma música, pela expressão corporal, por um olhar, uma conversa, pela televisão ou celular.

A conexão é estabelecida quando duas ou mais pessoas fazem contato (pessoal ou virtualmente) com a finalidade de transmitir alguma mensagem, informação ou emoção. Ela permite uma interação que hoje é fundamental nas relações pessoais e profissionais. Por meio da conexão captamos a linguagem verbal e a não verbal transmitidas pelas pessoas e até mesmo pelos animais (os animais são exímios comunicadores não verbais).

A conexão emocional e a digital possuem aplicabilidades para situações diferentes, mas com o mesmo propósito: comunicar, transmitir uma mensagem e conectar uma pessoa a outra.

Conexão emocional

Quando nascemos, a nossa primeira conexão é com os pais, momento único de cada pessoa no qual é estabelecido um forte laço afetivo, uma forte ligação quase que inexplicável. No decorrer do tempo e do nosso desenvolvimento, vamos descobrindo emoções boas ou ruins, que, muitas vezes, são específicas de determinadas faixas etárias.

Emoção é energia e, quando a sentimos e transmitimos, as pessoas ao nosso redor conseguem captar, pois possuem uma conexão conosco. É um poder que todas as pessoas possuem para contagiar, ou não, as outras que estão à sua volta. Essa energia conecta uns aos outros e nos mantém, de certa forma, interligados.

Já percebeu que, ao final de um filme, você fica com a energia que ele transmite? Se fala de amor, fica apaixonado; se for de terror, fica com medo; se for de comédia, fica alegre; se de aventura, fica com vontade de desbravar o mundo. Isso ocorre por causa da conexão que fazemos com o enredo do filme; é a conexão emocional que nos permite ficar na mesma sintonia daquilo que estamos assistindo.

Da mesma forma ocorre com as pessoas. A todo momento estamos estabelecendo conexões com as pessoas com quem mantemos contato. A energia e a emoção que cada pessoa tem em si é transferida para outras e, dessa forma, estamos simultaneamente passando a nossa energia e absorvendo a de outras pessoas. É a conexão emocional que nos deixa com vontade de chorar ao ver outra pessoa chorar, ou nos deixa feliz ao ver uma pessoa feliz, ou nos faz rir ao ver alguém rindo.

Observe que existem pessoas em nossa vida que são consideradas "remédios"; são aquelas que alegram o nosso dia, tornando-o maravilhoso, e fazem com que tudo de ruim desapareça. Elas mudam completamente o nosso astral para melhor, seja com um sorriso, um abraço ou uma troca de palavras de um minuto. Da mesma forma, as pessoas "tóxicas" transportam uma carga negativa, deixam o dia nebuloso e sugam a energia, deixando as pessoas esgotadas; algumas sentem dores de cabeça, tontura e até desmaios por conta do peso energético negativo.

Toda essa troca boa ou ruim ocorre devido à conexão emocional, que nos dá essa capacidade de sentir a energia das pessoas e transportar emoções de umas para as outras. Diante dessa ótica, já notou o quão poderosa é a conexão emocional de uma mãe com seu filho? É indescritível o poder e a energia que uma mãe transmite para seu filho, chegando a ser quase uma proteção divina devido ao seu amor único e incondicional que vem do fundo do seu coração e da sua alma.

A conexão emocional está presente em todos os momentos e em todos os lugares; sempre estamos transmitindo algum tipo de energia, seja ela boa, como alegria, felicidade, amor, animação e motivação, ou ruim, como raiva, ódio, depressão e tristeza. A conexão emocional é tão forte e poderosa que o universo tende a direcionar as energias com a mesma sintonia que você transmite de volta para você.

Além de ser a responsável pela condução de energia entre as pessoas, essa conexão também é responsável pela transmissão de informações. Quando estamos conectados emocionalmente com outras pessoas, estamos também transmitindo algumas informações para elas. Por meio de uma conversa entre duas ou mais pessoas, as informações são captadas pelas palavras, mas, mais ainda, pela emoção e expressão corporal que se revelam involuntariamente.

As pessoas conseguem manipular as palavras que são pensadas antes de serem ditas, mas a emoção e a expressão corporal são muito difíceis de serem manipuladas, pois são espontâneas e naturais dos seres humanos. É por conta disso que, quando uma pessoa diz que está feliz, mas a expressão dela é de tristeza, percebemos com muita facilidade que, verdadeiramente, a pessoa está triste, pois a conexão emocional nos transmitiu essa informação, mesmo a pessoa verbalizando o contrário.

A conexão emocional permite que a relação entre as pessoas seja mais verdadeira, profunda, sensível e sólida. É ela que fortalece os laços com nossos familiares, amigos, colegas de trabalho e todos ao nosso redor, permitindo captar as informações e transmitir emoções sem a necessidade de dizer, às vezes, ao menos uma palavra.

Conexão digital

Em paralelo às nossas conexões emocionais, a conexão digital surgiu timidamente com a tecnologia da internet, e, aos poucos, foi ganhando robustez, trazendo acessibilidade, versatilidade, inovação e popularidade nas relações humanas.

A conexão digital está tão presente em nossas vidas quanto o ar que respiramos. Ela modificou a forma das pessoas de se relacionarem de tal maneira que chega a ser, às vezes, o alívio de um aperto no peito e, em outras, uma sublime escravidão, interferindo diretamente na vida e na rotina das pessoas.

Esse tipo de conexão permite uma relação ambígua, pois, dependendo da empregabilidade, a conexão digital consegue aproximar ou distanciar as pessoas.

A conexão digital aproxima as pessoas que não podem estar presentes fisicamente e necessitam se comunicar umas com as outras. Ela é uma possibilidade de superar a distância para poder viabilizar a comunicação e, finalmente, abrandar o aperto no peito causado pela ausência e falta das pessoas. Isso é algo extraordinário para aqueles que vivem ou trabalham longe e que precisam diariamente falar com seus familiares ou amigos, trazendo muito mais tranquilidade e segurança para todos aqueles que precisam suprir seu coração com amor e afeto de seus entes queridos.

Além disso, a conexão digital possui uma acessibilidade muito extensa. Qualquer informação, relacionada a uma infinidade de temas, está acessível na palma de nossas mãos com apenas alguns cliques. Não apenas a informação, mas o acesso à conta bancária, compras diversas, aulas, transporte, redes sociais, formação de *network*, divulgação de trabalho, venda de produtos, material para estudos, shows de bandas etc.

Por uma outra ótica, a conexão digital possui um perigo quase imperceptível: o fascínio. Ela te contempla com um mundo infinito de informações, conexões e aplicativos no qual você mergulha a cada dia mais profundamente, sem observar o quão fundo está, sem saber mais como voltar à superfície.

Nessa situação, você está tão conectado virtualmente que não consegue se desconectar por muito tempo, sobretudo porque o mundo virtual sempre tem novas informações, notícias sobre assuntos do nosso interesse, novidades a todo momento surgindo na tela e isso vai nos aprisionando cada vez mais nesse mundo atraente. Com toda essa sedução virtual, não conseguimos mais perceber a beleza e a simplicidade do que ocorre ao nosso redor, na vida real.

Nesse ponto, a sua conexão digital é tão fortemente ligada que você nem percebe que está fora de seu controle: um bom papo entre amigos não ocorre, ver seu filho desenvolvendo habilidades e vencendo suas dificuldades passa despercebido, visitar aquele familiar passa a acontecer em caso de doença, ir à praia, fazer uma viagem, brincar com seu cachorro, exercitar-se, conversar com sua família durante o almoço ou apenas contemplar o pôr do sol ou o cair da chuva... as coisas mais simples da vida, que enriquecem nossa alma, preenchem todo o coração e fazem com que a vida seja vivida em sua plenitude vão ficando para depois e, quando paramos para perceber, tudo isso já passou, a gente não viu e não há como voltar atrás.

O peso na balança

A conexão emocional e a digital possuem o mesmo objetivo, que é troca de informações e a viabilidade da relação entre as pessoas. Entretanto, a conexão emocional permite uma ligação mais afetiva e profunda, enquanto a digital possui uma conexão mais acessível e mais superficial. São formas de ligação e relação entre as pessoas bem peculiares nas quais uma não deve substituir a outra. Elas devem ser complementares e utilizadas cada uma em situações específicas.

As palavras, as emoções e a expressão corporal são utilizadas na conexão emocional. No momento em que estamos nos comunicando por meio das palavras, estamos também transmitindo informações pela expressão facial, contato visual, tom de voz, gestos e postura corporal. A conexão emocional transmite nossos sentimentos e emoções, e ela é tão importante em uma conversa que, se não existisse, a transmissão da mensagem ficaria falha, não seria transmitida ou até mesmo seria contrária à intenção do emissor; é por causa disso que ocorrem, com frequência, desentendimentos por falha de comunicação durante uma conexão digital entre duas ou mais pessoas.

A conexão digital dificulta muito a transmissão das emoções entre as pessoas, resultando em uma comunicação muitas vezes ineficiente. Nessa conexão, a comunicação e a relação entre as pessoas ocorrem basicamente por palavras, não possui contato físico e é carente de emoções. Apesar disso, ela é muito útil pela sua acessibilidade, permitindo o contato e a relação entre as pessoas que não podem estar presentes fisicamente. Ela deve ser utilizada quando não for possível criar uma conexão emocional para oportunizar o estabelecimento e a continuidade das relações humanas.

A conexão digital é extraordinária por ultrapassar limites geográficos, pela acessibilidade a qualquer momento e pela versatilidade tecnológica. A conexão emocional é vital para os seres humanos e necessária para as relações entre as pessoas. As duas se complementam, quando não pudermos utilizar uma, recorreremos à outra para atingir o objetivo de se relacionar com as pessoas, transmitir informações, sentimentos, energias e emoções.

Elas devem ser utilizadas para facilitar nossas vidas e atender a alguma necessidade do momento. A conexão emocional nutre nosso coração de diversos tipos de sentimentos que são essenciais para a vida, bem-estar, realização e para o relacionamento com outras pessoas. A conexão digital permite acessibilidade e contato com outras pessoas a qualquer momento. As duas precisam ser empregadas corretamente, sem exageros de utilização e sem substituições desnecessárias para que não haja um desequilíbrio nas relações humanas.

6

AS RELAÇÕES HUMANAS SÃO UM REFLEXO DO NOSSO ESTADO DE ESPÍRITO!

Falar em relações humanas é dizer como estamos abertos a elas. Porém, como nos abrir para o outro sem estarmos atentos em como está a nossa relação conosco? Como nosso estado de espírito impacta nessa relação? Em um processo de ação e reação, vamos travando nossas batalhas, às vezes mais leves, outras mais pesadas. Tudo vai depender de como estamos abertos ou não ao contato com o outro, mas independentemente de qualquer batalha pessoal que estivermos travando, a vida vai acontecendo. Só nos cabe ir em frente e aprender no caminho, com a certeza de que a relação humana fica melhor quando estamos abertos à vida.

EDJANE ANDRADE

Edjane Andrade

Contadora graduada pela Universidade Católica do Salvador em 1996; pós-graduada em Contabilidade pela UFBA em 2003; e MBA em Auditoria, Controladoria e Finanças pela FGV em 2010. Empreendedora desde 2019 com a NTW Contabilidade e Gestão Empresarial. Aberta a novos desafios.

Contatos
ntwcontabilidade.com.br/salvador-itaigara/
edjanebandrade@gmail.com
LinkedIn: linkedin.com/in/edjane-andrade

> *Ninguém pode voltar. Voltar é impossível na existência.*
> *Você pode apenas ir em frente.*
> Osho

Se tivesse de escolher duas palavras que me acompanharam a vida toda, elas seriam: "Tem de"! Consciente ou inconscientemente elas estavam lá, e foi assim que tive uma adolescência certinha e, igualmente, uma fase adulta. Não certinha, certinha, mas certinha!

Sempre me cobrei muito nos estudos, e quando tirava uma nota baixa meus pais não precisavam me chamar a atenção, porque eu sabia que tinha de estudar mais, tinha de ter passado naquela matéria. E lá ia eu precisando estudar mais e namorar menos, por exemplo. Tinha um namorado que, aos domingos, ficava na sala com meus irmãos, porque eu tinha de estudar para as provas da semana.

Com isso, estudei, passei no vestibular, estágio, primeiro emprego, e lá fui eu, parecia um trator. Um trator ou um robô? Não sei, agora fiquei na dúvida. Vamos chamar de trator, trabalhava muito, sempre bastante dedicada a tudo o que fazia. Fiz a lição de casa de acordo com a educação que recebi, comprei meu carro, depois meu apartamento e vamos trabalhar mais, sempre muito planejada, organizada, até que... conheci uma pessoa.

Que bom, conhecer uma pessoa com trinta e poucos anos faz parte do pacote do tudo certinho, agora que já tenho carro, apartamento, preciso ter marido e filhos.

Nesse sonho, totalmente sem pensar nas consequências do meu ato, acabei pedindo uma transferência na empresa em que trabalhava e fui morar em São Paulo. Nunca pensei em morar em outro lugar, mas como pensava em casar e ter filhos, morar em outro lugar virou parte do pacote. Aí começa a verdadeira história das relações humanas.

Morar em São Paulo foi um desafio sem tamanho. Fui para casar e ter filhos, mas o relacionamento não deu certo, o que transformou meu sonho em um verdadeiro pesadelo. Restava o meu trabalho. A empresa em que eu trabalhava era muito grande. Eu estava acostumada com a vida em fábrica, com as pessoas que conhecia. Mudar para um escritório gigante em uma cidade enorme foi assustador. Lembro de um gerente que na época me disse: "Agora que você já está aqui, tem de viver as coisas daqui". E lá fui eu tendo de me adaptar à vida naquela cidade gigantesca.

São Paulo me recebeu de braços abertos, não sofri com congestionamentos, com a demora para chegar em casa, nada disso. Morei todos os 11 anos que lá estive no mesmo endereço e sempre trabalhei perto de casa. Cheguei em maio de 2008, em setembro desse mesmo ano já tinha conseguido outro emprego e me matriculado em um MBA; tinha de ocupar meu tempo. Pedir demissão da empresa para a qual tinha sido transferida cortava meu último laço com a situação que eu mesma criei para simplesmente fazer tudo novo. Hoje acho maravilhosa essa atitude, mas naquela época não tinha a percepção da grandeza do meu ato. Estava infeliz com a chegada à cidade, com o fim do relacionamento e com a empresa. Devolvi o dinheiro que a empresa me deu referente a três anos de moradia e fui adiante; não pensava em voltar para Salvador porque, para mim, voltar significava ter fracassado, e eu não podia mostrar para as pessoas, nem para mim, o meu fracasso. O fim esperado com a minha transferência não aconteceu. Agora precisava aprender a me relacionar com o novo modo de viver sozinha.

Nesse formato, eu me fechei para o mundo, vivia as minhas angústias, trabalhava, estudava e só. Não me permitia fazer novas amizades, o rosto sempre fechado, achava que precisava me impor como baiana em São Paulo. No meu novo emprego, as pessoas imitavam o meu sotaque, aquilo me matava! Para completar, eu era grossa para mostrar que se fui contratada era porque não tinha nenhum paulista competente para tal, pura bobagem de uma pessoa infeliz. Nesse formato, rosto fechado e grossa, não adianta, o mundo fecha as portas mesmo e a batalha fica mais pesada.

Acho que só em 2011 me encontrei mais aberta a fazer amigos. E hoje posso dizer que os amigos que fiz foram muito tolerantes comigo, muito! Eu era legal, mas vivia na defensiva, e para qualquer relação dar certo precisa existir troca, se permitir, se aceitar, se perdoar e simplesmente viver. E eu não me perdoava!

Aos poucos me adaptei, aquela era a vida como tinha de ser, e passou a ficar boa também, já que não há mal que dure para sempre. Fiz amigos, estudei, aprendi outros idiomas e viajei para alguns lugares legais. Morar em outra cidade nos permite abrir a cabeça para o novo, tem tanta coisa para se viver nesse mundo... a minha mudança inicialmente traumática foi ressignificada pelas oportunidades que tive, e talvez não as tivesse vivenciado se não houvesse a mudança.

Em 2014, aprontei novamente. É curioso que comecei este capítulo relatando o quanto era certinha; agora vejo que certinha sim, *pero no mucho*... Já saturada do emprego da época, aceitei uma oportunidade que sabia que daria errado, a mesma sensação de 2008, mas aceitei mesmo assim e fui parar em Angola.

A proposta inicial não era morar em Angola, mas ir frequentemente para lá. Aceitei porque uma grande amiga estava nesse barco comigo. Quando chegamos nas terras africanas, houve uma mudança de planos por parte do nosso chefe; para ele moraríamos lá e todo o combinado não saiu bem como estávamos esperando. Três meses depois voltamos para São Paulo desempregadas e com um bom dinheiro no bolso.

Porém, a experiência em Angola não foi ruim; vivi coisas fantásticas, conheci outra cultura, outras pessoas, provei novas comidas. Tenho grandes amigas até hoje dessa época, o que mostra como nosso estado emocional impacta as nossas relações. Dessa vez eu estava mais aberta, me permiti viver essa aventura, independentemente do estresse da situação. Se a cabeça estiver boa e o coração aberto, as coisas fluem e a batalha fica mais leve.

Depois da aventura em Angola, de volta a São Paulo minha vida continuou no corre-corre habitual; são tantas as demandas externas nos absorvendo que esquecemos de olhar para dentro, para nossas reais necessidades. Em janeiro de 2018 fiquei desempregada novamente, mas dessa vez foi diferente. No período em que fiquei parada tive tempo para pensar, tive ajuda profissional e terapêutica; minha cabeça começou a abrir e percebi que eu não queria nem precisava mais passar por tantas angústias. Sentia muita saudade da minha família e a vontade de voltar para minha cidade começou a ganhar espaço.

Comprei uma franquia de contabilidade, comecei a organização para o retorno e, quando menos esperava, fui chamada para um serviço temporário em uma empresa muito legal... não tive como dizer não; afinal, seriam 6 meses em que eu poderia juntar dinheiro e voltar mais capitalizada. Março de 2019 marca o retorno para a minha cidade natal. Que sensação maravilhosa de acolhimento!

Ainda que precisasse passar por um processo de readaptação depois de tanto tempo longe, estar na minha cidade, na minha casa, com minha família, me dava uma tranquilidade sem tamanho. Abri minha empresa e comecei a empreender. Nunca imaginei que teria o meu próprio negócio, sempre achei que minha vida era trabalhar para os outros; foi um novo aprendizado. E logo no começo as pessoas me diziam: "você precisa de uma rede social da sua empresa", "tem de buscar tantos clientes", "tem de distribuir panfletos", "tem de...", "tem de..."; foi aí que, quase surtando novamente com tantos "tem de", aconteceu a minha grande virada e eu percebi que eu não "tenho de" nada! Nada, não "tenho de" nada.

Hoje eu faço tudo o que me diziam que eu "tinha de fazer", mas sem precisar cumprir com tanto rigor, tantas cobranças internas e externas. Os questionamentos mudaram também e será sempre assim; tudo vai mudar o tempo todo. Hoje o meu conflito é identificar em que mais eu sou boa; sempre fui contadora, mas ninguém tem só uma habilidade na vida. No que mais eu posso trabalhar? Como ressignificar meu trabalho? O olhar mudou para questões internas, o externo ainda me abala, mas já consigo perceber o que está acontecendo ao meu redor e assim seguirei minha jornada de autodescobrimento; fácil não é, mas é necessário.

Referência

OSHO. *O rio e o oceano*. Disponível em: <https://www.pensador.com/frase/NTE2MDM1/>. Acesso em: 29 de abr. de 2021.

7

RESILIÊNCIA, A ARTE DE SUPERAR ADVERSIDADES

Neste capítulo, você irá expandir a sua visão sobre resiliência e aprender estratégias para treinar essa habilidade. Convido você para uma escalada. Você é o alpinista e a montanha representa as suas adversidades. Superar é tomar consciência, transcender limites e chegar ao cume na plenitude da sua transformação.

ELLEN RAVAGLIO

Ellen Ravaglio

Psicóloga graduada pela Universidade Católica de Santos (2000). *Coach* de liderança. Facilitadora de experiências de aprendizagem. Apaixonada pelo desenvolvimento de pessoas. Formação em Executive Coaching (ICI). Certificação Profissional em Coaching (Crescimentum). Especialização em Neuroliderança. MBA em Liderança Estratégica e pós-graduação em Gestão de Pessoas (FGV). Facilitadora Points of You. Possui 25 anos de experiência no mundo corporativo. Projetos estratégicos de gestão de cultura, clima & engajamento, valores e performance e desenvolvimento de líderes e times em grandes empresas de diferentes segmentos, como: Cosipa, Embraco, FIESC, Bunge, Malwee, FINI e Bobs. Sócia-fundadora da Vikaas Consultoria & Treinamento. Cocriadora do Programa Líder Alpinista. Escreve artigos sobre competências para liderar, gestão de emoções, valores & resiliência.

Contatos
vikaas.com.br
Instagram: @ellenpachecoravaglio / @vikaasconsultoria
LinkedIn: linkedin.com/in/ellenravaglio-coach-lideres/

Resiliência como arte: cada artista, com seus recursos,
expressa na tela da sua vida o significado
que dá para cada adversidade...

Compreender a origem das palavras expande a nossa visão. Resiliência vem do latim *Resilie*, *Re*: novamente; *Silie*: saltar, impulsionar. É saltar constantemente, se transformar, se fortalecer, ser impulsionado por algo.

É sob essa perspectiva que vamos conversar sobre resiliência, uma habilidade que pode ser aprendida e que nos impulsiona a enfrentar e superar adversidades.

Em um cenário tão incerto, com pressões e mudanças constantes, desenvolver resiliência torna-se uma estratégia de autocuidado e evolução.

Da mesma forma que treinamos um músculo do corpo, precisamos de consciência e constância para fortalecer habilidades comportamentais. É uma jornada de auto-observação e treino.

As adversidades fazem parte da nossa vida. A forma como reagimos, no "piloto automático" ou na escolha da resposta, revela como está a nossa resiliência. Pensamos como "vítimas" ou como "responsáveis"? Podemos não ter controle da situação, mas sempre temos controle da nossa resposta.

Vitimização é o oposto de autorresponsabilidade e de resiliência. Você já parou para pensar sob esse ponto de vista?

Vamos desmistificar resiliência?

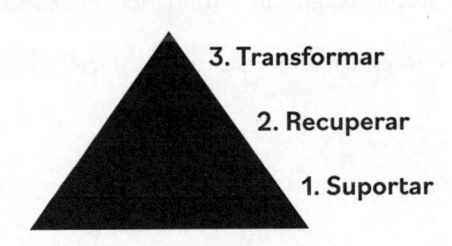

3. Transformar

2. Recuperar

1. Suportar

Você sabia que vivemos a terceira geração de resiliência?

Na primeira geração, ela surge como um conceito da física, aplicado a resistência de materiais. Ser resiliente era a capacidade dos materiais de voltarem ao seu estado original após grande pressão. Um grande perigo foi esse conceito ter sido aplicado às pessoas, criando mitos e um jargão corporativo: "pessoas têm de aguentar pressão e sair do estresse da mesma forma".

Na segunda geração, o conceito foi transposto para a psicologia, com o objetivo de compreender como cada pessoa se recuperava de doenças mentais e traumas. Não é possível voltar de um estresse da mesma forma, sempre ficarão marcas, transformações e aprendizados.

Não nascemos resilientes. É um processo dinâmico e situacional. A resiliência é orgânica e integral.

Com os avanços da neurociência e da psicologia positiva, entramos na terceira geração da resiliência. Pesquisas mundiais e a Sociedade Brasileira de Resiliência (SOBRARE) expandem ainda mais o conceito, compreendendo que comportamentos resilientes emergem da forma como interpretamos os fatos e transformamos nossos padrões de pensamento.

Para mudar comportamentos, temos de identificar os pensamentos que os nutrem.

Para fomentar resiliência, precisamos aprender a prolongar a sensação de experiências positivas no nosso cérebro. É um exercício mental.

Com compaixão e treino, geramos mais experiências positivas que nos levam a enxergar adversidades como "combustíveis". É o que Paul Stoltz (criador do quociente de adversidade) chama de "tirar vantagem da adversidade". Transformar chumbo em ouro, desafios em oportunidades, mudanças em impulsos evolutivos. É, de forma consciente, pintar uma nova tela sobre o mesmo fato.

O que você pensa diante de uma adversidade?

- Qual costuma ser a sua interpretação sobre os fatos?
- Como você lida com emoções que te geram desconforto?
- Você costuma reagir no automático ou consegue escolher suas respostas?
- Você tem colocado mais energia na busca de culpados ou de soluções?

Essas reflexões nos permitem identificar padrões de pensamentos e comportamentos. Cada um interpreta e reage de forma diferente à mesma situação.

Subimos muitas montanhas por dia. Algumas, imaginamos que o pico é inatingível e percebemos que foi mais fácil chegar ao cume do que pensamos. Outras, mesmo baixas, têm o caminho muito pedregoso e na metade já estamos sem fôlego, querendo voltar. E tem ainda aquelas que a gente acredita que não é capaz de escalar e por isso nem enfrenta.

Escalar ou desistir?

Por que um alpinista busca escalar montanhas cada vez mais altas? O que o impulsiona a colocar sua vida em risco?

E você, quando decide escalar ou desistir de uma montanha, tem clareza do que te move?

Como seres humanos, temos necessidades básicas do nosso ego (segurança, ser amado, aceito, reconhecido, se sentir capaz). Temos também desejos da nossa alma (se expressar, se conectar, contribuir).

Diante de cada montanha é essencial termos consciência se estamos tomando decisões pelo medo (necessidade de provar algo para mim ou para alguém ou se proteger) ou pelo desejo de experimentar valores. O que eu quero encontrar no topo dessa montanha?

Quando vivemos uma situação adversa, nosso cérebro entra no modo "ameaça". Esse estado emocional nos faz fugir ou atacar.

Nesse momento, precisamos exercitar gerar mais emoções positivas do que negativas para conseguirmos voltar "ao nosso centro".

É importante compreender a real intenção de cada escalada. Onde eu quero chegar? Por que farei essa escalada? O que vou ganhar? O que vou perder?

Pense nas maiores montanhas que você já superou, naquelas que desistiu e nas que estão à sua frente nesse momento. Algumas provavelmente você escolheu subir. Outras surgiram.

Resgate na sua memória montanhas desafiadoras que você conseguiu escalar e pense em pessoas que te ajudaram a enfrentar e superá-las. Fazer conexões e construir rede de apoio é essencial no desenvolvimento da resiliência.

E agora, alpinista, vamos escalar?

Fonte: Unsplash.com

Traga à sua mente uma adversidade que você gostaria de encontrar alternativas para resolvê-la. Uma "montanha" que você tem tido dificuldade, medo ou desejo de escalar.

Galgar essa montanha será um exercício para ampliação da sua consciência.

- Por que escalar essa montanha é importante para você?
- O que você conquista ao chegar ao cume?
- Imagine que você alcançou o topo, o que muda na sua vida?

Como você sente, pensa e reage?

Em uma expedição para o cume de uma montanha são montados acampamentos-base, que são paradas estratégicas e obrigatórias, com o objetivo de ajudar o alpinista a se adaptar à altitude, fazer aclimatação. São pausas para se observar, se cuidar, redefinir rotas.

Nessa escalada, você passará por sete acampamentos:

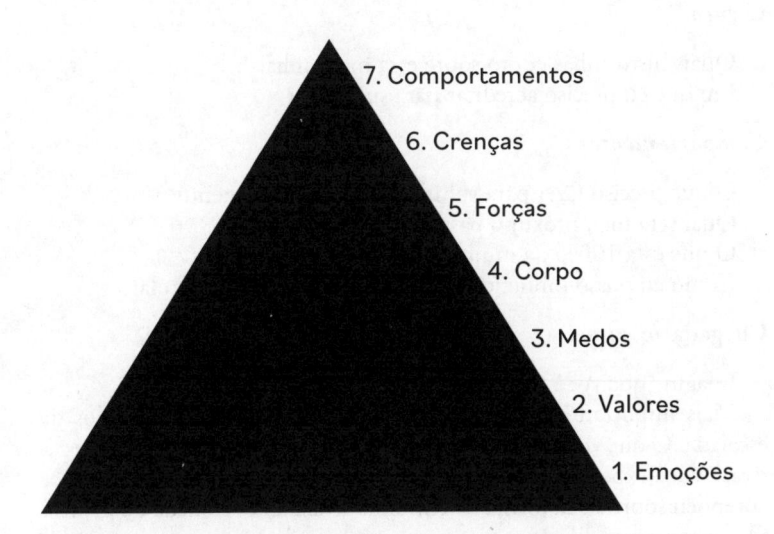

- 7. Comportamentos
- 6. Crenças
- 5. Forças
- 4. Corpo
- 3. Medos
- 2. Valores
- 1. Emoções

Emoções

Quais emoções essa montanha desperta em mim?

Valores

Alcançar esse cume me fará sentir qual valor?
Algum valor meu poderá ser ameaçado nessa escalada?

Medos

Qual o meu maior medo? Ele é real ou imaginário?
Qual necessidade minha pode correr risco?
Qual a pior coisa que pode acontecer?
O que eu ganho se eu decidir não enfrentar essa montanha?

Corpo

Como o estresse está refletindo no meu corpo?
Como cuidar da minha saúde nessa escalada?

Forças

Quais forças me ajudam a subir?
Eu preciso acionar alguma força para chegar ao topo?

Crenças

Quais historinhas conto sobre essa montanha?
Em que eu preciso acreditar para superá-la?

Comportamentos

O que preciso fazer para subir mais um acampamento?
Qual será meu próximo passo?
O que está 100% na minha mão?
Como eu posso influenciar aquilo que não posso controlar?

Chegada ao cume!

Imagine que você chegou ao topo. Hora de celebrar!

Mais importante do que chegar ao cume são os aprendizados da escalada. O que você leva na mochila? Interpretações positivas ou negativas? Você experimentou mais reclamações ou gratidões? O que você aprendeu sobre a sua forma de enfrentar avalanches e queda de pedras? O que você fará diferente na próxima montanha?

As palavras-chave para resiliência são equilíbrio e estratégia. Resiliência não é resistir à adversidade. É saber lidar com ela, buscar alternativas e escolher enfrentar ou "sair de cena" de forma consciente.

Superar adversidades significa encarar medos. Às vezes, é "ir com medo mesmo". Coragem não é ausência de medo, é ele em movimento.

Desenvolver uma mentalidade resiliente significa pensar de forma estratégica e flexível diante das montanhas da vida. É não responder sempre da mesma forma. É assumir o protagonismo e fazer escolhas de como agir em cada situação adversa.

Transcender adversidades é ir além. É cultivar recursos internos, como empatia, gratidão, compaixão, autoconfiança, atenção plena e equilíbrio, capazes de gerar o bem-estar resiliente.

É preciso também preparar as suas energias, criando rituais para equilibrar as dimensões física, emocional, mental e espiritual. Não se chega no topo sem preparação. Como você está nutrindo cada uma das suas energias?

- Física: como está o seu corpo, rotina, saúde, descanso e bem-estar físico?
- Emocional: como está o seu equilíbrio e estado emocional? O quanto você está nutrindo emoções positivas? Como estão os seus relacionamentos?

- Mental: como estão os seus pensamentos? Quais narrativas têm contado sobre você? Como está o seu foco? E a sua quantidade de justificativas?
- Espiritual: como está a sua clareza do que te move, do que é importante na sua vida e onde você quer chegar?

As energias impactam diretamente na sua performance, motivação, relacionamentos e resultados.

A vida é uma eterna escalada.

Enfrentar adversidades gera gasto de energia. É preciso buscar equilíbrio e leveza.

Compartilho sete pílulas de resiliência que, se ingeridas com constância, te ajudarão a cultivar recursos e hábitos positivos para sustentar as suas escaladas sob estresse:

1. Foque na sua respiração, trazendo atenção para o momento presente. Sua mente e corpo devem estar no "aqui e agora".
2. Ao sentir uma emoção desagradável (raiva, tristeza), acolha. Perceba que pensamento ela te gera. Crenças podem te potencializar ou te limitar.
3. Faça um agradecimento por dia. Gratidão gera vibrações positivas no seu cérebro.
4. Escreva uma carta a você, narrando situações de superação da sua história. Destaque as suas forças, recursos e pessoas que te ajudaram.
5. Pense em uma situação que te traz felicidade e bem-estar. Conecte-se com essa experiência e deixe ela se integrar a você e a todas as sensações do seu corpo, mente e coração. Guarde essa sensação em um lugar especial, você poderá acessá-la sempre que precisar!
6. Alpinistas possuem pontos de ancoragem para suportar quedas e salvar vidas. Eles são proteções. Escreva uma frase que sirva como âncora para gerar mais segurança à sua escalada. Leia essa frase todos os dias. Rituais acalmam a nossa mente.
7. Diante de cada montanha se pergunte: "O que eu posso aprender com essa adversidade?".

Essa é a tal arte da resiliência, desenvolver recursos internos, que permitam transformar as adversidades da vida em obras-primas.

Convido você a continuar experimentando a escalada da resiliência, cuidando das suas emoções, pensamentos e energias.

Espero ter contribuído com o seu despertar como artista e alpinista da sua própria vida!

Acredito que no interior de cada um de nós, existe algo que só posso descrever como uma luz, capaz de se alimentar da adversidade como se fosse um combustível. Quando nos conectamos a essa luz... cada obstáculo se torna uma fonte de energia que impulsiona nossa vida para a frente... – Erik W., único alpinista cego a escalar os Sete Picos, as montanhas mais altas do mundo, entre elas o Monte Everest.

Boas escaladas!

Referências

ALVARENGA, P. *Dance com seus medos*. Benvirá, 2020.

BARRETT, R. *A organização dirigida por valores*. Alta Books, 2017.

CARMELLO, E. *Resiliência*: a transformação como ferramenta para construir empresas de valor. Gente, 2016.

HANSON, R. *O poder da resiliência*. Sextante, 2019.

KRAKAUER, J. *No ar rarefeito*. Companhia de Bolso, 2006.

LOEHR, J.; SCHWARTZ, T. *Envolvimento total*. Campus, 2010.

SOBRARE. Sociedade Brasileira de Resiliência. *Apostila*. ERA, 2019.

STOLTZ, P. WEIHENMAYER, E. *As vantagens da adversidade*. Martins Fontes, 2008.

UNGAR, M. *Change your world*. Sutherland House, 2019.

8

ORGANIZAÇÕES, SOCIEDADE E O PÓS-PANDEMIA: AS RELAÇÕES DE CONSUMO NO NOVO NORMAL

A imposição das medidas de isolamento social, indispensáveis nos esforços de contenção da pandemia da COVID-19, intensificou o debate a respeito dos efeitos das atitudes individuais sobre a coletividade, considerando também os comportamentos e hábitos de consumo. Empatia e solidariedade orientam o caminho para um cenário no qual os valores e a dignidade humana estão acima dos benefícios pessoais, com consumidores mais críticos, engajados e conectados.

FÁBIO AGUIAR

Fábio Aguiar

Publicitário, especialista em Marketing, mestre e doutor em Administração. Com mais de dez anos de vivência no mercado baiano da comunicação e do marketing, como executivo e consultor, atuou junto a organizações do setor público, da iniciativa privada e do terceiro setor no planejamento das mais diversas ações de comunicação integrada. Docente de nível superior em âmbito de graduação e de pós--graduação *lato sensu*. Atualmente, tem o foco de suas atividades em iniciativas de pesquisa e consultoria envolvendo Tecnologias de Informação e Comunicação (TIC) e processos de Comunicação Organizacional para dinamização da gestão estratégica das organizações, com um olhar especial sobre os hospitais e sistemas de saúde.

Contatos
fabioaguiar.mkt@gmail.com
LinkedIn: linkedin.com/in/fabioaguiar100/

Relacionamento e consumo no contexto da COVID-19

O dia 11 de março de 2020 representa um divisor de águas para a sociedade contemporânea. Nessa data, a Organização Mundial da Saúde decreta estado de pandemia em razão da contaminação pelo vírus da COVID-19. Muitos países, incluindo o Brasil, já haviam sentido os efeitos do vírus, mas a data é relevante, pois a Humanidade reconhece que a infestação está presente em todos os continentes, demandando rápida intervenção por parte dos governantes ao redor do mundo.

Das intervenções mais críticas no esforço de tentar frear a disseminação do vírus está a imediata necessidade de se adotar medidas de isolamento social, sem tempo de adaptação para pessoas e organizações, que precisaram interromper suas rotinas para se preservar da infecção. Atividades de trabalho e ensino passaram a ser realizadas remotamente. Com as pessoas isoladas, rapidamente suas necessidades sociais e afetivas foram fragilizadas, porém as de consumo foram fortalecidas: seja porque o ato da compra surge como mecanismo de compensação de carências e ansiedades diversas favorecidas pelo contexto, ou porque, com toda a estrutura de comércio e serviços fechada ao atendimento presencial, os canais virtuais passaram a ser os únicos meios de acesso aos bens de consumo. O fato é que as organizações precisaram se adaptar rapidamente à nova conjuntura para sobreviver no mercado, sem perder de vista suas finalidades econômicas e sociais.

Nesse cenário, o consumo virtual tornou-se uma realidade em setores para além do varejo, os serviços de logística assumiram posição de centralidade e as novas formas de articulação em rede empoderam clientes e dinamizam a concorrência. As redes sociais se estabelecem como grandes aliadas no enfrentamento aos obstáculos postos pelo distanciamento, e hábitos de navegação que antes serviam a mero entretenimento passaram a se incorporar mais fortemente à rotina da população. As pessoas estão mais conectadas em busca de informação e conhecimento, inclusive sobre marcas e sobre como estas se relacionam com seus consumidores e com a sociedade. Assim, tem-se requisitos de responsabilidade social acentuados e uma crescente demanda por *accountability*.

Uma vez que cresce o engajamento virtual junto aos perfis das marcas nas redes sociais, esperam-se relações mais estreitas e transparentes entre consumidores e organizações. Além de questões relativas a qualidade e preço, outros componentes culturais e sociais surgem como determinantes da decisão de compra, e muitas vezes um simples comentário não respondido ou a omissão no posicionamento sobre determinado tema pode ser decisivo na construção da imagem da marca na mente do consumidor.

Com o movimento de retomada das atividades produtivas ao redor do mundo, diversos setores retornam aos processos presenciais. No entanto, já não é mais possível desconsiderar os novos canais criados, nem tampouco os novos padrões de comportamento e articulação adotados pelos indivíduos. Portanto, o objetivo central deste capítulo é promover uma reflexão sobre as lições que podem ser aprendidas nesse período, que venham a sustentar de forma duradoura um novo paradigma de interação e relacionamento entre as empresas, suas marcas e a sociedade.

Fala-se muito em um "novo normal", um quadro pós-pandemia no qual se assume que nada será como antes, mas que, dada a necessidade de movimentar a economia, leva a sociedade a normalizar determinadas práticas assimiladas durante a quarentena de forma indefinida. Desse modo, que efeitos podemos esperar da pandemia sobre as relações entre pessoas e organizações? É possível esperar mudanças definitivas nos processos de motivação para o consumo? O que permanece e o que deve ser descontinuado no "novo normal"? São alguns questionamentos sobre os quais pretendemos lançar luzes ao longo desta discussão.

Distanciados, porém juntos: fortalecendo o coletivo em tempos de isolamento

Com os indivíduos isolados em casa, quando muito juntos ao núcleo familiar mais próximo, um efeito imediato que se pôde perceber foi o fortalecimento do senso de coletividade. Virtualmente conectadas, as pessoas passam a estabelecer relações baseadas em valores como empatia e solidariedade, favorecendo a troca de experiências e um apoio recíproco em tempos de incertezas e ansiedade.

Isso se dá em um cenário macroambiental que impõe questionamentos às bases da sociedade de consumo como conhecíamos até então. O consumo do essencial, a relação custo vs. benefício e o engajamento das marcas no enfrentamento à pandemia e em pautas sociais e identitárias diversas passam a ocupar a centralidade nos debates a respeito desse "novo" consumo, mais ponderado e responsável.

As redes sociais assumem papel fundamental para a articulação dos indivíduos nos ambientes virtuais em uma rede solidária de amparo e cuidados mútuos. Isso nos leva a Marcel Mauss (1974) e seus estudos seminais sobre a teoria da dádiva, de quem podemos entender que tais redes de cuidado têm o potencial de criar fortes vínculos identitários entre os envolvidos e também operam como moedas de troca: exercito o cuidado com o próximo esperando que, no futuro, alguém o exercite comigo.

Uma vez estabelecidos, esses vínculos implicam uma sucessão de atos de dar-receber-retribuir, que no contexto do isolamento social são operados a distância por meio das ferramentas de comunicação digital, e que não implicam necessariamente trocas materiais, mas de suporte emocional e, sobretudo, informação. Tais ferramentas permitem o compartilhamento imediato e a viralização[1] de conteúdos diversos, com informações tanto positivas quanto negativas, além das muito discutidas (e combatidas) *fake news*.

No que se refere aos objetivos desta discussão, primeiramente é importante nos situarmos quanto às implicações dessas redes sobre o patrimônio de valor das marcas e possíveis ganhos (ou perdas) de reputação. Em atenção às mudanças no comportamento do consumidor durante a pandemia, uma pesquisa do Grupo Kantar/Ibope (2020) traz em seus resultados alguns dados de grande relevância para enriquecer esse entendimento, a saber:

Conforme relatório da referida pesquisa, 86% dos entrevistados afirmam que o foco da comunicação deve estar nas formas nas quais as marcas e seus produtos/serviços podem ser úteis na nova realidade cotidiana, oferecendo uma perspectiva positiva frente ao cenário (78%) e comunicando valores (78%). De forma igualmente expressiva, 80% dos entrevistados entendem que as marcas não devem explorar a pandemia para se promover, e 61% rechaçam o uso de apelos humorísticos no período. Isso indica que se espera um diálogo contextualizado entre organizações e sociedade, que considere a pandemia como catalisadora de um posicionamento motivador e orientado a valores subjetivos, não financeiros, e não uma oportunidade de negócio.

---

[1] É possível entender o conceito de *viralização* quando pensamos em dado conteúdo como um vírus, que se espalha de usuário para usuário por força do seu compartilhamento na rede. A depender da capilaridade dos agentes envolvidos nesse compartilhamento, uma informação pode atravessar o mundo em poucos minutos, chegando a milhões de pessoas.

Uma vez articulados em bases de empatia e solidariedade, tais preocupações com o outro também surgem nos resultados da pesquisa, trazendo novas dimensões ao nível das percepções sobre as relações de consumo. Questionados sobre o que esperam das empresas em tempos de Covid-19, em primeira menção, 67% dos entrevistados afirmam que se espera uma maior preocupação com a saúde e bem-estar dos funcionários. Impossível não associar esse dado ao movimento de protestos e às paralisações dos motoboys e entregadores de aplicativos de *delivery*, que tomou força durante a pandemia com amplo apoio e engajamento da sociedade – diretamente dependente desse serviço para operar o cotidiano durante o isolamento, mas ainda assim solidária aos trabalhadores que pleiteiam justas melhorias na remuneração e nas condições de trabalho.

Esses números expressivos fortalecem os argumentos de que há, de fato, uma nova postura da sociedade frente à abordagem tradicionalmente utilizada pelas organizações, no que se refere à promoção de valores e bens/serviços, na qual o olhar se estabelece sobre as relações mais profundas daquela marca com seu entorno, rompendo com o modelo meramente mercantilista vigente. Embora saibamos que a sociedade vem estando mais atenta aos requisitos de responsabilidade social ao longo das últimas décadas, é inegável que tais requisitos se constituam, na atualidade, em predeterminantes da adesão (ou rejeição) às empresas e suas iniciativas de mercado.

Dessa forma, o conceito de presença digital se reinventa e amplia seu alcance para além da disponibilização de conteúdo on-line e ferramentas de *e-commerce*, envolvendo interação, transparência e responsabilização. Estas se edificam como fortes determinantes da credibilidade e das associações positivas (ou negativas) a serem construídas em relação às marcas pelo consumidor pós-pandemia. Sobre as nuances culturais e sociais que legitimam tais determinantes, bem como as expectativas a respeito da permanência ou descontinuidade desses novos olhares e práticas sobre o consumo, trataremos a seguir.

A pandemia e a mudança na percepção sobre as interações entre organizações e sociedade

Com a retomada das atividades econômicas em diversos setores, criou-se a expectativa de que, nesse "novo normal", os hábitos de consumo transformados pela pandemia se tornem permanentes, representando um avanço evolutivo nas relações entre organizações e sociedade. Na prática, sabe-se que isso não deve acontecer na totalidade. Alguns velhos hábitos devem ser retomados, mas muitos outros novos padrões têm ampla possibilidade de prosperar no pós-pandemia.

Nesse sentido, a R/GA Brasil (2020) realizou um estudo sobre determinados aspectos sociais e culturais que fortalecem novos e/ou fragilizam antigos padrões de comportamento dos consumidores, e os desafios que se estabelecem para as marcas a partir de tais mudanças nesse cenário. Trata-se de subsídios fundamentais não apenas para a conclusão do raciocínio desenvolvido até aqui, mas principalmente para o entendimento ampliado sobre os efeitos do isolamento na percepção dos indivíduos sobre o que se espera das organizações e suas marcas a partir da experiência da pandemia.

Primeiramente, o que se destaca é que a casa, o espaço de maior privacidade de uma pessoa, assume um papel de ponto de convergência de diversas atividades antes realizadas em outros ambientes. Conforme o estudo, além de refúgio pessoal, a casa passou a ser, também, escritório, sala de aula, restaurante, academia e até mesmo "balada". Dessa forma, hábitos de fora vieram para dentro de casa, levando cada vez mais as pessoas a buscar esse equilíbrio, trazendo e reproduzindo referências e experiências externas para o ambiente doméstico. Dos exercícios de alongamento às *lives* dos artistas, as organizações têm buscado favorecer que as pessoas usem o tempo do isolamento para criar novos rituais com vistas a uma sensação de cuidado e estabilidade (R/GA, 2020).

Contudo, a sociedade tem reagido de forma crítica a essa convergência de atividades, sobretudo aquelas laborais, que se utilizam do espaço e estrutura física pessoal do indivíduo para fins organizacionais, sem contrapartidas, muitas vezes não respeitando o horário comercial. O excesso de inserções de propaganda nos conteúdos também é alvo de críticas, entendidas por parte do público sob o viés do oportunismo, o que deve ser evitado. Um caminho possível para um relacionamento saudável seria o respeito aos limites e à privacidade do lar, no qual as organizações convidam o indivíduo a uma interação dentro de seu universo de referências de marca, mas sem sair de casa, ao invés de buscar se estabelecer "dentro" da casa da pessoa.

O endosso de celebridade[2], como o conhecemos, também tende a mudar de abordagem, à medida que sociedade estabeleceu novas referências para destacar o célebre durante a pandemia. Artistas, atletas e influencia-

---

2 Em marketing, entendemos *endosso de celebridade* como a prática de associar personalidades com destaque na mídia e forte poder de influência sobre o público-alvo a marcas, produtos e serviços, de forma que transmitam a estes sua credibilidade e demais atributos subjetivos, elevando a percepção de valor e prestando suporte a esforços de segmentação.

dores, hoje, cedem espaço a médicos, enfermeiros, agentes sociais, líderes comunitários e demais anônimos que se destacaram por sua entrega na batalha contra o vírus. Segundo o estudo, esse enfrentamento contra um inimigo invisível tem mostrado que nem sempre a força é o caminho, e ensinado quais profissões são essenciais para a humanidade sobreviver com saúde, fazendo as pessoas questionarem quem realmente são os heróis durante esse período. A empatia e o exercício coletivo surgem como práticas extremamente poderosas, indicando que "[...] o mundo não precisa de mais celebridades. Precisa de melhores celebridades, que sejam modelo de valores e de ação para o bem coletivo" (R/GA, 2020, p. 15).

No novo cenário pós-pandemia, ainda será necessário atentar para a mudança de percepção da sociedade sobre o que é realmente essencial, levando as pessoas a repensarem suas relações com produtos e marcas. Com o isolamento e muitas vezes com o orçamento comprometido, muitas famílias passaram a repensar suas prioridades de consumo e hábitos de compra. Os canais digitais se fortaleceram, assim como os pequenos produtores e empreendedores, que se beneficiaram da articulação solidária dos indivíduos em rede para ampliar a visibilidade das pequenas iniciativas locais, entendidas como única alternativa de subsistência para muitas famílias durante a pandemia.

À medida que presenciamos o localismo e as relações de custo vs. benefício assumirem a centralidade, dados trazidos pela R/GA (2020) sobre um estudo do mercado chinês mostram 61% desses consumidores diminuindo ou interrompendo o consumo de artigos do mercado do luxo. Isso indica que os critérios de relevância têm mudado, por meio de uma leitura crítica, menos global e mais humanizada sobre o que se consome e de quem se consome.

Diante disso, entende-se que as oportunidades se estabelecem nas possibilidades de interação e cocriação de valor em longo prazo entre organizações e sociedade. Atitudes que empoderem pessoas reais como protagonistas, e não que estabeleçam padrões inalcançáveis. Empatia que gere engajamento orgânico e sincero, com vistas a relacionamentos mais duradouros e responsáveis, nos quais o bem-estar coletivo vem antes da saciedade das necessidades de consumo individuais.

Existirá, afinal, um "novo normal"?

À guisa de conclusão, é importante destacar que este texto não se propõe ao papel de veículo de divulgação de um novo paradigma de mudança, pretensamente evoluído e hermético, de como o "novo normal" deve ou pode vir a ser. Mas, sim, busca se estabelecer como um ponto de partida para um olhar sobre os efeitos das reflexões e práticas postos pela experiência do isolamento social sobre as práticas de consumo em uma sociedade mais conectada, engajada e questionadora.

O conjunto de experiências vivenciadas ao longo do período da pandemia fez emergir um novo cenário, que surge de forma potente, trazendo novas leituras do cotidiano e novas atitudes diante da vida, e também uma reflexão sobre o papel individual no despertar de uma sociedade orientada à empatia, à solidariedade e ao bem-estar coletivo.

Potencializadas pelas redes sociais, as interações humanas durante a pandemia trouxeram as discussões sobre autocuidado e cuidado com o próximo a níveis além das preocupações sanitárias, ampliando o debate sobre como o exercício ativo da cidadania pode gerar redes de atenção e informação que minimizem os impactos socioeconômicos do isolamento e ofereçam benefícios de longo prazo. É nessa seara que surge a ressignificação crítica do papel do consumidor enquanto agente de transformação, afirmando-se como polo ativo em uma relação na qual a busca natural por qualidade e preço se soma à demanda de uma retribuição cada vez mais efetiva e materializável por parte das organizações – encantar o cliente não basta se não se oferece dignidade ao funcionário. Nesse cenário de interação e empatia, grandes corporações pouco atentas a essas nuances se diminuem perante iniciativas locais que fomentam o empreendedorismo durante a crise, gerando renda e impacto social mais efetivo no curto prazo.

Isto posto, acreditamos que, sim, existirá um novo normal. Ao que tudo indica, nessa nova normalidade não haverá espaço para achar que seja normal que o lucro justifique a vida das pessoas, não se poderá normalizar a exploração do trabalho e será normal que os consumidores questionem se aquele investimento em dado produto de determinada empresa trará outros benefícios além dos pessoais e imediatos. Esse novo normal considera a humanização das relações, inclusive as de consumo, mesmo que mediadas por plataformas virtuais, como única alternativa a uma evolução cada vez mais agressiva de práticas que o senso comum considera fortemente nocivas a uma ideia melhorada de mundo, mas que perpetuamos em nosso dia a dia. Isolados, pudemos repensar valores e aquilo que queremos, colocando as diretrizes em prática rumo à normalização daquilo que sempre buscamos, mas que só conseguimos em estado de exceção: um pouco mais de amor, por favor. Este deve ser o novo normal.

Referências

KANTAR/IBOPE. *Barômetro Global COVID-19*. Relatório de Pesquisa. 2020. Disponível em: <https://go.tnsglobal.com/covid19brasil>. Acesso em: 25 ago. de 2020.

MAUSS, M. Ensaio sobre a Dádiva. Forma e Razão da troca nas sociedades arcaicas. In: *Sociologia e Antropologia*, VII, São Paulo: EDUSP, 1974.

R/GA BRASIL. *Melhores práticas*: criando valor no novo normal. Slides em meio digital. Disponível em: <https://rga.com.br/FutureVision/MelhoresPraticas.pdf>. Acesso em: 20 ago. de 2020.

9

JOVENS NO MERCADO DE TRABALHO E O DESENVOLVIMENTO SOCIAL

Muitos jovens começam a trabalhar cedo demais, entrando diretamente no mercado informal seguido, quase sempre, do abandono escolar, perpetuando o ciclo de pobreza e de vulnerabilidade social. Por outro lado, empresas demandam profissionais cada vez mais qualificados, aderentes às exigências do mercado, sendo obrigadas, por lei, a incluir jovens em programas de aprendizagem. É possível, pelo cumprimento da lei de aprendizagem, inserir jovens no mercado de trabalho e, assim, reduzir a vulnerabilidade social de famílias? Essa é uma das provocações do texto: o cumprimento da lei de aprendizagem como estratégia de redução de vulnerabilidade das famílias como contribuição para o desenvolvimento social.

FABRÍCIO VIEIRA DA SILVA

Fabrício Vieira da Silva

Conselheiro-presidente do Instituto Alfam. Consultor empresarial, gestor social, empresário e professor de nível superior no curso de Administração e nas pós-graduações de Gestão de Pessoas, Engenharia de Segurança e Administração Hospitalar, além de MBA em Gestão de Pessoas. Parecerista de artigos acadêmicos e palestrante. Graduado em Ciências Contábeis pela Universidade Estadual de Feira de Santana (UEFS). Mestre em Desenvolvimento e Gestão Social pela Escola de Administração da Universidade Federal da Bahia (UFBA). Possui título de Especialização em Gestão do Desenvolvimento e Responsabilidade Social e em Saúde do Trabalhador pela UFBA.

Contatos
institutoalfam.org.br
alfamsustentabilidade@gmail.com
fabriciovieiraconsultoria@gmail.com
Instagram: @institutoalfam / @fabriciovieiradasilvaoficial
Facebook: @fabriciovieiradasilvaoficial
LinkedIn: linkedin.com/fabriciovieiradasilvaoficial
77 98116-1440

O Brasil é um país interessante! Em que pese ser detentor de grandes riquezas, enfrenta inúmeros problemas, como instabilidade econômica, problemas sociais de toda ordem, escassez de recursos para assegurar minimamente as condições básicas da população, educação e saúde desiguais e muito precárias aos menos favorecidos economicamente, persistentes taxas de analfabetismo pleno e funcional, dentre outros. Quando refletimos sobre o aspecto do trabalho, o país nutre algumas características importantes e que o distinguem de grande parte dos países do mesmo porte, por dispor de instrumentos legalmente constituídos de inserção de jovens no mercado de trabalho formal, a citar: a lei de aprendizagem, conhecida como a lei do Jovem Aprendiz, e a lei de estágio. Mesmo assim o país patina na tentativa de encontrar as soluções/saídas para tornar-se mais igualitário e com melhor desempenho no mundo do trabalho.

Longe de pretender apresentar soluções simples para questões complexas, a narrativa propõe uma viagem reflexiva por abordagens importantes referentes ao perfil do mercado de trabalho, a competitividade das organizações e a inserção de jovens no mercado de trabalho como estratégia de redução de desigualdades sociais e da vulnerabilidade social dos jovens e de suas famílias.

Em minhas atividades profissionais como técnico, gestor, consultor e professor, sempre fiquei atento às mensagens subliminares e, às vezes, explícitas em diálogos com diversos empresários e gestores dos segmentos industriais, comerciais e de serviços. Dentre muitas delas, algumas foram mais representativas e muito me intrigaram:

- Há vagas no mercado, o que falta é gente qualificada!
- A legislação é muito rigorosa quanto às exigências ao aprendizado e à inserção de jovens no mercado de trabalho!
- Eu não consigo "aproveitar" os jovens que passam por aqui, pois chegam "verdes" e despreparados para o mundo do trabalho!

- Não tenho condições de fazer de minha empresa uma escola, o básico eles precisam saber. Imagine que quando o jovem começa, eu preciso destacar alguém para ensinar a fazer o trabalho básico!
- É muito caro fazer o jovem aprendiz na empresa, acabo cumprindo por receio de ser multado!

O leitor mais atento e que já tenha experimentado a função de consultoria certamente já se deparou com frases similares de seus clientes. Mas como atuar sobre isso? Como enfrentar os problemas apresentados e, quem sabe, solucioná-los?

Parece haver um distanciamento entre a formação profissional (profissionalizante/técnica) e acadêmica e o mercado de trabalho formal, que está cada vez mais exigente em habilidades e qualificações, dado ao acirramento da competição por preço, qualidade e acessibilidade.

Primeiramente, é necessário entender o fenômeno, ou seja, encontrar a origem das questões; assim, temos os seguintes referenciais:

- Há um mercado de trabalho que carece de pessoas mais qualificadas, aderentes às novas exigências do mundo contemporâneo, muitas vezes mais comportamentais e psicológicas do que técnicas propriamente ditas, porém sem negligenciar o conhecimento técnico do ofício.
- Outro fator importante é a questão da vulnerabilidade social das famílias de modo geral. Um país como o Brasil, em desenvolvimento, ainda amarga um nefasto índice, o elevado número de famílias em condição de pobreza ou de extrema pobreza que vivem se deparando com diversas carências, por isso, em situação de vulnerabilidade. Segundo dados do IBGE, em 2018 o país tinha 13,5 milhões de pessoas com renda mensal *per capita* inferior a R$ 145, ou U$S 1,9 por dia, critério adotado pelo Banco Mundial para identificar a condição de extrema pobreza. Esse número é equivalente à população de Bolívia, Bélgica, Cuba, Grécia e Portugal (IBGE, 2018). Não é difícil deduzir que essa situação leva muitos jovens a buscarem alternativas de sobrevivência um tanto quanto divergentes das ideais e mais esperadas.

Por reconhecer que o tema vulnerabilidade social não está ancorado em conceito unificado que abranja todas as suas nuances, vamos nos utilizar de reflexões apresentadas por dois pensadores importantes: Richard Castell e Carolina Moser. Para Castell, os indivíduos passam a integrar a sociedade por meio de dois processos basilares, o mundo do trabalho e as proximidades representadas pelas relações familiares, de vizinhança e demais relações sociais e comunitárias. Essas relações proporcionam a sensação de pertencimento e, com isso, proteção e, consequentemente, segurança.

Com relação à questão do trabalho, Castell apresenta as seguintes possibilidades de inserção: a) pelo trabalho estável, ou seja, por vínculos mais fortes que se dá o trabalho formal, assegurando direitos e garantias sociais; b) o trabalho precário, sem contratos, sem vínculos formais e sem garantias ou direitos que, para serem assegurados, necessitam de reivindicações judiciais; c) a não inserção, seja por compor o quadro de desempregados ou por alguma incapacidade de exercício do trabalho.

Quando o assunto se trata das relações de proximidade, Castell nos apresenta três categorias para tipificar essas inserções: **fortes** – representadas por uma base familiar bem estabelecida ou com a presença mais sólida de vínculos de amizades e estáveis parcerias; **frágeis** – quando formados por famílias muitas vezes desestruturadas, mal formadas e com amizades que não representam nem trazem segurança ou estabilidade; há, por fim, os **sem nenhuma inserção** – vínculos inexistentes, muitas vezes, representando isolamento social. Para analisar a vulnerabilidade, Castell apresenta o cruzamento dessas variáveis e a situação de vulnerabilidade se dá justamente nos campos em que o jovem encontra-se em atividades precárias de trabalho e vivencia experiências de inserção consideradas frágeis, de modo que, para intervir na condição de vulnerabilidade com expectativa de alcançar êxito, faz-se necessário que se atue na base familiar e também na condição adequada de acesso ao mercado de trabalho.

No caso específico de Moser, esta tangencia o conceito de vulnerabilidade à disponibilidade de recursos materiais e simbólicos das pessoas e à possibilidade de fazer jus às oportunidades em que o meio social as oferece, de modo que a impossibilidade do atendimento constitui verdadeiras barreiras para a sua ascensão social. Segundo a pensadora, a vulnerabilidade teria pelo menos duas origens, por ausência ou escassez de ativos; ou por uso inapropriado dos recursos que se tem por parte dos indivíduos, famílias e comunidades. Para ela, as estratégias de enfrentamento às questões de vulnerabilidade social centram-se na disponibilização de ativos às pessoas e, complementarmente, no apoio para a adequada utilização dos recursos de que se dispõe.

Para a Organização das Nações Unidas para a Educação, a Ciência e Cultura (UNESCO), a vulnerabilidade social,

> [...] assim compreendida traduz a situação em que o conjunto de características, recursos e habilidades inerentes a um dado grupo social se revelam insuficientes, inadequados ou difíceis para lidar com o sistema de oportunidades oferecido pela

sociedade, de forma a ascender a maiores níveis de bem-estar ou diminuir probabilidades de deterioração das condições de vida de determinados atores sociais (ABRAMOVAY, 2002).

Independentemente de qual seja o conceito de vulnerabilidade adotado (registro que os citados não são antagônicos e sim complementares), podemos inferir que, para as complexas questões concernentes à vulnerabilidade social, o trabalho ocupa importante papel, já que como elemento constitutivo das relações humanas e sociais é supervalorizado na sociedade e ocupa um valor cultural e simbólico, além de moral, de valorização da honestidade e do bom caráter (MOURA, 2009).

O desemprego, a aprendizagem e o estágio

Podemos dizer que o Brasil dispõe de uma mão de obra bastante jovem e que, se bem preparada, poderia dar saltos na contribuição para um país mais bem estruturado socioeconomicamente; no entanto, quando se analisa a evolução da taxa de desemprego da população jovem, conforme nos mostra o quadro comparativo por trimestre elaborado pelo Instituto de Pesquisa Econômica Aplicada (IPEA) de 2020, em um recorte de 2012 até 2019, percebe-se nitidamente a oscilação crescente do número de desempregados entre a população jovem.

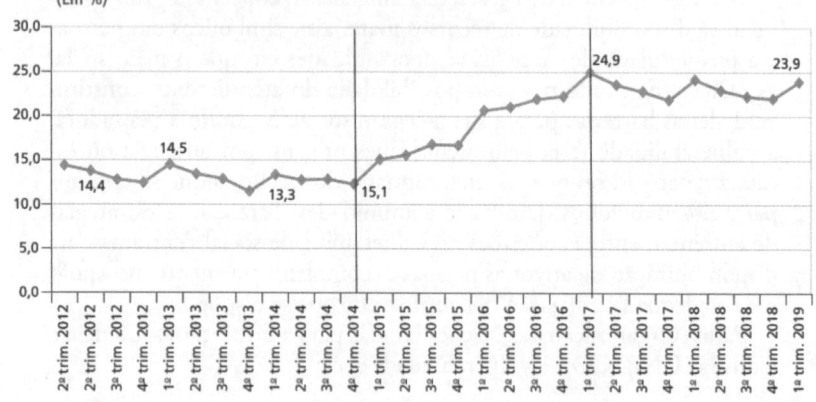

Taxa de desemprego dos jovens de 15 a 29 anos (2012-2019)
(Em %)

Fonte: IPEA, 2020.

O crescimento do desemprego entre a população jovem proporciona, não exclusivamente, um curioso e perigoso fenômeno: o da facilitação da entrada dos jovens no mercado de trabalho por meio da informalidade ou mediante o trabalho infantil (SOUZA et al., 2019). É sabido que o trabalho informal, aqui entendido como sendo o de condições ocupacionais de baixa qualidade, de vínculos empregatícios precários e de menor remuneração (MOURA, 2009), subtrai das pessoas o usufruto de direitos e garantias trabalhistas, previdenciárias e sociais e, quando fazemos a relação entre juventude e trabalho informal, devemos ficar muito mais preocupados, pois segundo dados do IPEA (2020), "trabalhar na informalidade no início da carreira pode comprometer toda a sua trajetória profissional". Outra consequência grave que o jovem que iniciou sua carreira profissional na informalidade sofre, extensiva a toda a sua família, é a real possibilidade de abandono dos estudos, considerando que esses jovens, especialmente os menores de dezoito anos, iniciam suas atividades laborais no contraturno escolar. Porém, ao vislumbrarem a possibilidade de aumento dos ganhos, mediante a ampliação da carga horária de trabalho, não hesitam em abrir mão da escola e, não raro, são estimulados pela família para aferir maior remuneração.

> A atividade remunerada na vida desses jovens não representa apenas uma ocupação, reconhecimento profissional ou experiência, representa sobretudo uma renda, e por meio do salário se complementa o rendimento familiar e a satisfação de consumo desses jovens. Com isso, os jovens trabalhadores se sentem úteis e importantes em seu meio social. E a valorização pelo trabalho é maior quando se trata do mercado de trabalho formal, pois, além do salário, a carteira assinada representa os direitos do trabalhador, fazendo o emprego assumir mais importância na sua vida (MOURA, 2009, p. 11).

A evasão escolar diminui drasticamente as expectativas de um futuro melhor e mais digno para o jovem e sua família e, com isso, perpetua o ciclo de pobreza e vulnerabilidade social.

Agora, analisemos sob outra perspectiva: E se o jovem que desejasse ou tenha sido forçado a entrar no mercado de trabalho tivesse a mínima preparação profissional para esse ingresso?

A legislação brasileira dispõe de algumas medidas que regulam a inserção do jovem no mercado de trabalho. Vale a pena destacar o ECA (Estatuto da Criança e do Adolescente, Lei 8.069/1990), a Lei da Aprendizagem (Lei 10.097/2000) e a própria Lei de Estágio (Lei 11.788/2008). É oportuno salientar que, embora o estágio não seja considerado regime formal de trabalho, o destacamos como uma oportunidade disponível de inserção de jovens no mercado de trabalho, desde que a prática não seja utilizada pelas empresas como mera substituição precarizada do empregado formal, que respeite a área de atuação na qual o estagiário esteja estudando e também o quantitativo máximo estabelecido pela lei.

Essas leis, cujo objetivo é regulamentar a relação entre o adolescente, jovem e/ou estudante e as empresas, visam assegurar que direitos constitucionais sejam cumpridos, de modo a proteger os adolescentes e os jovens da exploração, possibilitando sua inserção laboral de maneira mais justa e segura, já que, como afirmam Mattos e Chaves,

> [...] o trabalho é importante para o adolescente, pois, além de ampliar os rendimentos da família, favorece o desenvolvimento cognitivo e emocional nessa fase da vida, possibilitando a aquisição de novas habilidades, o desenvolvimento da autonomia e da responsabilidade. (MATTOS; CHAVES, 2006, p. 67)

Assim, poderemos retomar a nossa discussão tentando instigar o diálogo acerca dos temas, levando em consideração entes importantes nas abordagens sobre o trabalho de adolescentes e jovens no Brasil.

Família – trabalho – escola – desenvolvimento social

Pelas reflexões que fizemos até aqui, podemos dizer que famílias em vulnerabilidade social tendem a estimular os jovens ao trabalho como uma estratégia de ampliação da renda familiar por mera questão de sobrevivência; por sua vez, a procura pela remuneração imediata conduz os jovens à informalidade, favorecendo, logo em seguida, não raramente, a evasão escolar e, assim, minando as chances dos jovens de galgarem melhores postos de trabalho, reduzindo as suas expectativas de futuro e, com isso, perpetuando a pobreza, situação que nitidamente é contraproducente ao desenvolvimento social e econômico de um município, de uma região, ou de um país. Para melhor exemplificar, podemos fazer o seguinte resumo partindo do trinômio FAMÍLIA – ESCOLA – EMPRESA, mas desembocando no MERCADO DE TRABALHO e na SOCIEDADE como um todo: os jovens, na expectativa de poder contribuir com a sua família, se lançam ao mercado de trabalho em condições não favoráveis e, por conta disso, não conseguem dar continuidade aos estudos, repetindo o ciclo de pobreza sem contribuir diretamente para o desenvolvimento social.

Por outro lado, temos as empresas, que não somente necessitam cumprir os requisitos legais no tocante à lei de aprendizagem para não amargar problemas com a fiscalização estatal, como também por conta de uma acirrada concorrência global, que obriga as empresas a ampliarem cada vez mais seus níveis de competitividade. Essas empresas demandam por profissionais mais qualificados e aderentes às novas exigências do mercado de trabalho, tais como pensamento crítico e capacidade de solução de problemas, agilidade e poder de adaptação (resiliência), iniciativa; inteligência emocional, domínio da tecnologia usada em sua área de atuação, orientação para a experiência do cliente, comunicação, dentre outras, ao mesmo tempo em que as empresas desejam um novo colaborador que seja subserviente às ordens fornecidas por encarregados, supervisores, gerentes ou outros cargos em linha de liderança ou chefia.

Muitas empresas acabam por não cumprir sua cota mínima exigida por lei consoante o seu porte quanto às oportunidades de aprendizagem. Não abordaremos aqui as queixas concernentes ao nível de exigência da lei apresentadas por muitos empresários. O fato é que há uma forte alegação de que muitas delas não cumprem o que está estabelecido no sistema normativo não somente devido à falta de qualificação e preparo dos jovens, mas também por causa da baixa disponibilidade de jovens para a contratação no momento em que as empresas são cobradas pela fiscalização.

> Outros empregadores, quando inspecionados, apresentam argumentos – verdadeiros na maioria dos casos – da ausência de entidades formadoras que atendam às suas expectativas de qualificação de acordo com sua área de atividade. A esses, que em razão do porte da empresa já contribuem com os Serviços Nacionais de Aprendizagem – o conhecido Sistema S –, deveriam ser garantidas matrículas em quantidade suficiente, com variedade de cursos e programas e turmas abertas em vários meses do ano (GONÇALVES, 2014, p. 197).

Considerações finais

Conforme apresentado no início dessas reflexões, o texto não tem a pretensão de apresentar soluções simples para problemas complexos, mas fica evidente que a desigualdade social presente em nossa sociedade, evidenciada pela diferença de renda entre as famílias de diversas classes sociais, só contribui para a perpetuação do ciclo de pobreza e em nada ajuda o país no processo de desenvolvimento econômico e social; daí a necessidade de se quebrar a repetição das experiências de vida presentes nas famílias em vulnerabilidade social, mediante a educação para o mundo do trabalho de modo a, sem ampliar nenhum requisito legal, apenas fazendo cumprir com o que já se encontra estabelecido, proporcionar aos jovens a inserção decente no mercado de trabalho com o desenvolvimento de habilidades técnicas e comportamentais que os permitam sentir-se mais valorizados como profissionais e, sobretudo, como pessoas, já que estar em exercício de aprendizado de uma profissão no mercado formal com renda e garantias trabalhistas previdenciárias os torna motivo de honra e exemplo aos demais integrantes de sua família. Outro aspecto importante é a certeza da permanência na escola, já que a condição básica do aprendiz é estar matriculado e frequentando uma escola ou já ter concluído o Ensino Médio, o que, para fins de desenvolvimento social de um país, é a condição mais elementar: ter sua população educada formalmente e em condições de fazer escolhas, seja por carreiras técnicas ou de nível superior.

Finalmente, podemos alegar que a aprendizagem necessita ser mais bem estimulada, valorizada e cumprida em sua essência por parte das empresas, já que pode ser uma excelente oportunidade de renovação do quadro de empregados por uma força de trabalho jovem, com novos paradigmas, mais qualificada e que de alguma forma, direta ou indiretamente, a empresa contribuiu com a formação, pois ela é partícipe ativa (ou pelo menos deveria ser) do processo educacional dos jovens aprendizes, tanto nos aspectos técnicos formativos quanto nos quesitos sociocomportamentais.

As reflexões apresentadas são insuficientes para encerrar o tema, mas tentam cumprir seu papel de provocar inquietações acerca da necessidade de se pensar o desenvolvimento socioeconômico envolvendo todos os atores sociais, no caso: famílias, jovens, empresas e governo, dentro das regras legalmente estabelecidas e proporcionando perspectivas de inclusão dos jovens e de suas famílias em vulnerabilidade social, mediante o ingresso no mercado de trabalho formal cercado de garantias trabalhistas e previdenciárias, minimizando as possibilidades de eles serem vítimas da exploração infantil. Para isso, há necessidade de se fazer uma grande força-tarefa de reformulação da aprendizagem, aproximando-a cada vez mais das novas exigências do mercado, além de sensibilizar os contratantes (no caso, as empresas) a respeito da importância social para o país de cumprir os requisitos legais quanto às cotas estabelecidas pela lei de aprendizagem, privilegiando a concessão de oportunidades a jovens oriundos das classes mais desfavorecidas, como uma estratégia de redução da pobreza e da vulnerabilidade social de jovens e de suas famílias.

Referências

ABRAMOVAY, M. *Juventude, violência e vulnerabilidade social na América Latina*: desafios para políticas públicas / Miriam Abramovay et al. Brasília: UNESCO, BID, 2002.

CASTELL, R. *As metamorfoses da questão social*: uma crônica do salário. Tradução: Iraci D. Poleti. Petrópolis, RJ: Vozes, 1998.

CORSEUIL, C. H. L.; POLOPONSKY, K.; FRANCA, M. A. P. *Uma interpretação para a forte aceleração da taxa de desemprego entre os jovens*. Mercado de Trabalho. Ed. 64. Nota Técnica. p.63-71, 2018.

GONÇALVES, A. L. de A. Aprendizagem profissional: trabalho e desenvolvimento social e econômico. *Estud. Av.* [*on-line*]. 2014, vol. 28, n. 81, pp. 191-200.

IBGE. *Síntese de Indicadores Sociais (SIS)*. Brasília, 2018.

IPEA – Instituto de Pesquisa Econômica Aplicada. *Diagnóstico da inserção dos jovens brasileiros no mercado de trabalho em um contexto de crise e maior flexibilização*. Brasília, 2020.

MATTOS, E. de; CHAVES, A. M. As representações sociais do trabalho entre adolescentes aprendizes – um estudo piloto. *Rev. Bras.* Crescimento desenvolvimento humano, São Paulo, v. 16, n. 3. Dez. 2006.

MINISTÉRIO DO TRABALHO E EMPREGO. *Manual da Aprendizagem*. Brasília: 2014.

MOURA, L. S. *Juventude e trabalho: o sentido do trabalho para o jovem aprendiz*. 2009. 107 f. Dissertação (Mestrado em Sociologia) – Faculdade de Ciências Sociais, Universidade Federal de Goiás, Goiânia, 2009.

PONCIANO, R. R.; LUZ, L. C. S. de O.; SANTOS, A. C. O. dos (Orgs.). *Interfaces entre tecnologias, trabalho e educação: da educação profissional à inserção jovem e/ou feminina no mundo do trabalho*. Uberlândia: Navegando Publicações, 2019.

SOUZA, D. A. de, et al. *A percepção dos jovens aprendizes sobre o trabalho que exercem*. Dércia Antunes de Souza et al. XIV SEGETEC – Ética e Gestão [*on-line*]. 2019.

10

APRENDIZADOS SOBRE RELAÇÕES HUMANAS NA ESCOLA DA VIDA

Neste capítulo, os leitores encontrarão a história de vida de um jovem que aprendeu por meio do esporte e do trabalho quais os principais sentimentos necessários para uma boa relação humana.

IVO CABRAL

Ivo Cabral

Engenheiro industrial formado pela West Virginia University (Estados Unidos) e corretor franqueado Life Planner na Prudential do Brasil.

Contatos
ivo.cabral@prudentialfranquia.com.br
11 97055-7069

O relacionamento humano é uma das coisas mais desafiadoras da nossa existência. Basta ler um jornal ou ligar a TV em um noticiário que evidenciaremos quantos conflitos acontecem dia após dia entre os seres humanos. Fomos criados de diferentes maneiras, em diferentes lugares, por famílias distintas e em diversos climas. Isso nos torna únicos, e, infelizmente, é um dos principais motivos de tantas desavenças.

Queremos impor no outro o que acreditamos ser a verdade absoluta, queremos que todos olhem o mundo sob a nossa ótica; e que todos gostem do que gostamos; que todos nos tratem da forma que os tratamos; e que os outros tenham os mesmos objetivos que os nossos.

O maior problema, porém, é que na maioria das vezes nem sequer conhecemos a nós mesmos. Achamos que é mais fácil impor ao outro do que refletirmos sobre as nossas verdades e os nossos conflitos. Isso fica nítido no esporte coletivo, quando queremos consertar os defeitos dos outros, ao invés de focar nos nossos. É mais fácil lidar com conflito com um terceiro a respeito de um defeito dele do que lidar com nós mesmos a respeito de um defeito nosso.

Tive a felicidade de estar inserido nesse meio esportivo desde muito cedo e perceber o quanto a forma como nos relacionamos irá moldar todos os outros aspectos da vida; afinal de contas, são raros os dias em que não interagimos com absolutamente ninguém. Isso ficou ainda mais nítido quando decidi dedicar a minha vida profissional à área comercial, pois o sucesso honesto nessa área está ligado à capacidade de colocar a necessidade do outro sempre antes da nossa. Mas como identificar a necessidade dos outros se não conhecemos nem as nossas?

Acredito que, quando nos desafiamos, aprendemos muito sobre nós mesmos. O triatlo, esporte individual (mas não tão individual assim), é a forma que decidi usar para aprender sobre mim mesmo. O objetivo de completar um *Ironman* é algo que traz frio na barriga para qualquer atleta amador, pois a disciplina e dedicação para, em até 17 horas, nadar 3,8 km, pedalar 180 km e correr 42 km não são fáceis. A rotina de acordar às 4h da manhã, os extenuantes treinos longos e a alimentação regrada, quando têm de ser balanceados com o trabalho e a vida social, nos fazem conhecer "lugares" dentro de nós que nem sabíamos que estavam lá.

Esse desafio me fez valorizar ainda mais o relacionamento humano, me fez entender que, quanto mais nos conhecermos, mais saberemos lidar com a diferença do próximo de forma mais empática e harmoniosa. Percebo, também, que estar rodeado de pessoas que estão também se desafiando fará com que aprendamos ainda mais sobre nós mesmos, pois veremos que tipo de barreiras essas pessoas estão tendo de derrubar para atingir o objetivo final.

Isso deixa claro que o relacionamento humano pode sim ser algo em que dedicamos nosso tempo, nosso foco e nossa disciplina para treinarmos e nos aperfeiçoarmos. Acredito que a forma mais simples e direta de melhorar como nos relacionamos com os outros é nos familiarizando com nosso interior. Isso trará um autocontrole fundamental, principalmente em momentos de conflitos com outras pessoas, o que é inerente ao nosso dia a dia.

Hoje existem diversos livros, vídeos, *podcasts* e artigos que abrangem o tema autoconhecimento, então há muitas maneiras de conhecer a si mesmo. Considero a minha vida profissional um laboratório sobre autoconhecimento, pois todos os dias converso com pessoas diferentes que me contam suas histórias, e com isso cada vez mais aprendo sobre mim mesmo. Como mencionei antes, o esporte sempre foi e continua sendo uma outra escola sobre autoconhecimento para mim, pois é em momentos de pressão, competição e dificuldades que muitos sentimentos inesperados vêm à tona nos outros e em nós mesmos, e com isso evoluímos.

Desde que me entendo por gente o esporte faz parte da minha vida. Primeiro, por volta dos 6 anos, comecei nas escolinhas de futebol, até que uma tarde de domingo, aos 11 anos, fui ao jogo de futebol do E.C. Vitória com meu avô e lá foram distribuídos panfletos anunciando uma peneira (teste para captar talentos) para a divisão de base, com meninos de 11 a 16 anos. Na hora sabia que queria participar, porém não tinha noção de que aquele seria o primeiro grande desafio da minha vida. O teste ocorreu em uma quarta-feira à tarde e foi um programa de família; estava com meu pai, minha mãe e meus irmãos. Ao chegar no local me deparei com uns 500 garotos, todos em busca do mesmo sonho... tornar-se jogador de futebol, e, com certeza, ser selecionado para uma divisão de base seria um ótimo começo.

Após ser selecionado com mais cinco garotos para continuar os testes junto ao time, fui o único que acabou fazendo parte do elenco da categoria Fraldinha (meninos até 11 anos) do E.C. Vitória. Essa foi a minha primeira grande conquista. Tem mais a ser dito sobre esse momento, pois foi quando tive os meus primeiros grandes aprendizados sobre o quanto é importante saber se relacionar.

Imagina um garoto de 11 anos, filho de pais de classe média alta, estudante de colégio particular, com videogame em casa e que teve babá desde que nasceu, logo não fazia nenhuma das funções domésticas, deparar-se com o Brasil que, infelizmente, é maioria... colegas de time que passavam dias sem comer, outros maltratados ou abandonados pelos pais, alguns que dependiam do vale-transporte do time para ir e vir, alguns de outros estados e cidades que deixaram para trás as suas famílias e lares, aos 11 anos de idade, para ir morar no time e, talvez, conseguir realizar seus sonhos.

O choque de realidade que isso me causou foi, com certeza, um fator determinante na minha formação como pessoa. Nesse ambiente, pude sentir na pele o que é o preconceito, no começo deles comigo, por me considerarem o "riquinho" ou, como fui chamado muitas vezes, o menino Leite Ninho do time, e depois de outras pessoas para com eles, principalmente torcedores em jogos "fora de casa". Isso me mostrou que um dos alicerces mais importantes, e talvez o mais importante, para um bom relacionamento é o respeito. A forma como os tratava, a disciplina e a dedicação aos treinos mostravam a eles, dia após dia, que não era a condição financeira da minha família que ditaria o modo como trato as pessoas, nem faria com que meu sonho fosse menor do que o deles.

Após anos dedicados ao futebol no Brasil, acabei indo fazer o último ano de *High School* nos Estados Unidos. Joguei *soccer* lá durante esse período e, por conta do destaque que tive, fui chamado por diversas universidades para jogar por elas e, em paralelo, me formaria no Ensino Superior. Não pensei duas vezes e escolhi a universidade que disputava o campeonato universitário mais concorrido e acirrado. Conseguir entrar para o time de futebol da West Virginia University foi outra grande conquista.

O diploma de Engenheiro Industrial por uma universidade norte-americana foi apenas uma das formas de representar o quanto aprendi naqueles cinco anos universitários. Por isso, mesmo após decidir não seguir com a carreira de jogador de futebol profissional, digo com total convicção e honestidade que o futebol me deu tudo o que tenho hoje. Sem esse esporte e os ensinamentos que tive dele, com certeza, não estaria onde estou.

Por me formar em uma renomada universidade norte-americana, tive algumas propostas de trabalho para seguir carreira na área de fábricas nos Estados Unidos, mas tinha algo forte dentro de mim que falava que o melhor para os meus objetivos de vida naquele momento era voltar ao Brasil. Muito esforço e dedicação me fizeram voltar ao Brasil empregado. Começava, então, uma outra grande escola de relacionamento: a área de vendas.

Ser vendedor como profissão é algo muito valorizado pelos norte-americanos, mas visto, infelizmente, pelos brasileiros como um "bico". Agradeço por olhar para essa profissão da mesma forma que os norte-americanos: uma profissão extremamente desafiadora, e só terá sucesso nela quem se aprofundar ao máximo sobre relações humanas e souber ter empatia suficiente para colocar as necessidades dos outros na frente das suas.

Além de ser vendedor, o ramo em que atuo é o de seguro de vida; logo, minhas reuniões são sobre um tema que, infelizmente, a maioria das famílias brasileiras ainda não está preparada para falar a respeito: os imprevistos na saúde, principalmente a morte. Alguns anos de experiência, muitas reuniões e centenas de clientes depois me mostraram que a forma como as pessoas lidam com a preparação para o inesperado está diretamente ligada à forma como essas pessoas se relacionam com o próximo. Pensar no quanto o próximo seria impactado em uma falta nossa ou no bolso dos que nos ajudariam caso fôssemos diagnosticados com uma doença grave é uma das maneiras mais evidentes de empatia. Sentimento esse que, após o respeito, é, para mim, o mais importante para um bom relacionamento humano.

Como disse antes, o relacionamento humano é algo desafiador, e um trabalho em que se conhece e se conversa com novas pessoas quase diariamente tem estresse associado, com o qual muitos não conseguem lidar. Sempre coloquei a saúde física e mental em primeiro lugar, é o que mais zelo na vida; afinal de contas, sem ela não consigo fazer muita coisa. Isso aliado ao fato de que acredito que desafios nos trazem ainda mais autoconhecimento. Decidi fazer uma prova de meio Ironman ou, como hoje é chamado, Ironman 70.3, que é a metade das distâncias do Ironman.

Os treinos para essa prova me fizeram sentir dores que nunca tinha sentido antes e me fizeram aprender que é mais importante aceitá-las do que tentar desconsiderá-las. Mesmo com todo esse desconforto, tal preparação se tornou minha terapia, o que habilitava minha cabeça e meu corpo para lidar com os desafios do trabalho.

Durante a preparação para a prova, que seria em agosto de 2020, a pandemia começou e veio o cancelamento do evento. Foi um momento desafiador, pois era algo muito novo para o mundo. Todos estávamos sem saber ao certo o que iria acontecer. Minha primeira reação foi manter o que estava sob o meu controle, os treinos, minha alimentação e meu descanso. Logo, mantive a mesma rotina mesmo sabendo que a prova que tanto almejava não aconteceria.

Por ironia do destino, a organização da prova permitiu que o valor pago para a inscrição fosse transferido para a mesma prova em 2021, ou fosse usado como crédito para a inscrição na prova completa do Ironman que estava marcado para 7 de novembro de 2021. Como acredito que quando as coisas estão difíceis precisamos torná-las ainda mais difíceis para mostrar que estamos no comando, decidi pagar a diferença e me inscrever no Ironman 2021 de Florianópolis. Muitos me chamaram de louco e disseram que eu não sabia o que estava fazendo, mas, mais uma vez, algo dentro de mim dizia que essa era a decisão correta a ser tomada.

Quanto mais me dedico aos treinamentos para esse novo desafio, mais agradeço a mim mesmo por ter tomado essa decisão. Os treinos são ainda mais extenuantes e ainda mais longos do que os que estava fazendo para a prova que aconteceria em agosto. Isso tem me mostrado que outro fator importantíssimo na vida é a paciência. Estamos falando de uma prova em que um atleta amador médio termina em aproximadamente 12 horas e não em 12 minutos. Treinar e acreditar que o corpo vai evoluir e se adaptar requer muita paciência. Esse é o principal motivo pelo qual muitos atletas de triatlo não querem fazer o Ironman, não têm paciência para lidar com os treinos e a lenta evolução.

Outro sentimento que o futebol me ensinou e o triatlo está consolidando em mim é a resiliência. Os imprevistos acontecem todos os dias ao redor do mundo e a probabilidade de ocorrerem conosco é altíssima, seja na saúde, nas finanças ou com um ente querido; estamos todos vulneráveis e isso é um fato, mas saber que serei forte o suficiente para superar esses obstáculos me traz leveza na forma como encaro a vida e isso quem me dá é o esporte.

A resiliência nos ensina que cair não é um problema, contanto que você levante uma vez a mais do que a quantidade de vezes que caiu. Isso se torna muito menos desafiador quando estamos rodeados de pessoas que querem o nosso bem. Estar treinando com pessoas que têm o mesmo objetivo que eu e que torcem para que eu alcance a linha de chegada junto com elas faz com que ser resiliente em momentos de dificuldades seja algo muito mais leve e, algumas vezes, até divertido.

Acredito que a vida é uma grande aventura que será marcada pela forma como a encaramos, além das pessoas que conhecemos, as outras vidas que tocamos e os desafios que nos propusemos a superar. Desejo que, todos nós, ao invés de pedirmos por dias mais fáceis, busquemos nos preparar e nos unir para sermos mais fortes.

11

O MUNDO VUCA E A ADAPTAÇÃO DAS ORGANIZAÇÕES NO "FUTURO DO PRESENTE"

Neste capítulo, o leitor conhecerá os conceitos do Mundo VUCA e a importância da adaptação das pessoas dentro das organizações. É um modelo novo com novas competências, que impacta os resultados empresariais e as relações humanas.

IVONE ROSA

Ivone Rosa

Especialista em Gestão de Pessoas e em Neuropsicologia. Formações em Coaching Ontológico, Grupos Multirreferencial, Análise Transacional e Grafologia. Graduanda em Psicologia. Consultora em desenvolvimento humano e *coach* ontológico. Profissional com mais de 30 anos de atuação em gestão de pessoas em grandes empresas: Bradesco, Hotéis Transamérica, Federação das Indústrias (SESI/SENAI/IEL/FIEB e CIEB) e Hotelaria Accor, acumulando experiência no contexto vivencial das organizações. Professora nos cursos de aprendizagem do SENAC. Consultoria/instrutoria para o SEBRAE e SENAC nas áreas de atendimento e liderança.

Contatos
ivone2rosa@gmail.com
LinkedIn: linkedin.com/in/ivone-rosa-b7b37a26/
Facebook: facebook.com/ivonerosa.dossantos
Instagram: instagram.com/ivonerosa17/
71 99332-5200
73 99136-8080

Os norte-americanos usam uma abreviatura para explicar o mundo de hoje. VUCA (inglês) ou VICA (português). Uma grande realidade, afinal o mundo muda em uma velocidade acelerada e sem certeza do seu destino. O exército norte-americano foi o primeiro a usar a sigla VUCA no final dos anos 1990, em contextos de guerra, principalmente após os atentados terroristas de 2001. Estrategicamente, era uma forma de enfrentamento do ambiente agressivo e desafiador que esses militares enfrentavam. Esse "novo normal" dos militares passou a ser usado também a partir de 2010 no mundo dos negócios.

Mas o que significa o Mundo VUCA?

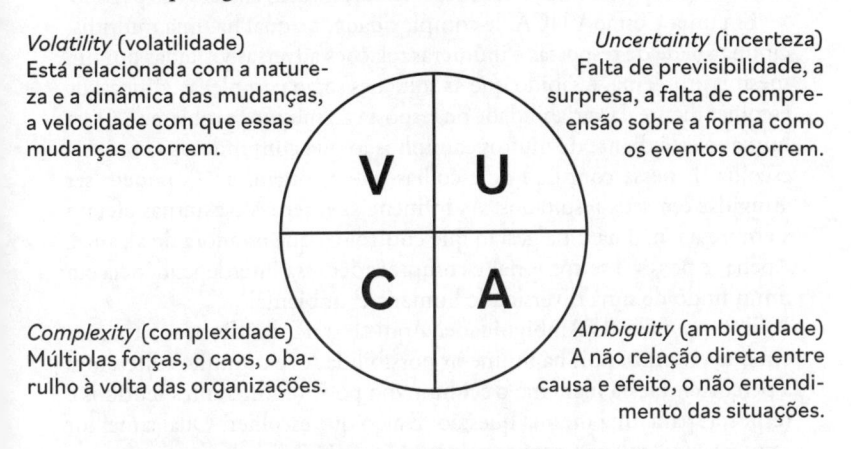

Volatility (volatilidade)
Está relacionada com a natureza e a dinâmica das mudanças, a velocidade com que essas mudanças ocorrem.

Uncertainty (incerteza)
Falta de previsibilidade, a surpresa, a falta de compreensão sobre a forma como os eventos ocorrem.

Complexity (complexidade)
Múltiplas forças, o caos, o barulho à volta das organizações.

Ambiguity (ambiguidade)
A não relação direta entre causa e efeito, o não entendimento das situações.

Esses quatro componentes do Mundo VUCA estão presentes no cenário atual das organizações e permitem uma preparação para o futuro, ainda que seja tão líquido, tão fluido e incerto. Um mundo que escorre entre os dedos, diante dos nossos olhos, sem dar tempo de pegá-lo. Etéreo, que evapora no ar. Percebe-se a necessidade e capacidade de entendê-lo e adaptar-se para a sustentabilidade e sobrevivência das próprias organizações.

O mundo VUCA baseia-se em uma gestão de riscos. É um tempo aberto às novas possibilidades em ambientes incertos. Só existe uma certeza: "Não dá para mudar o imutável". "Nada do que foi será do jeito que já foi um dia", é um trânsito de passagem e, assim, é preciso resiliência para trilhar esses novos caminhos. E nessa caminhada a única certeza é a reinvenção, a compreensão e a diversidade de olhar, para perceber a vida posta como um grande e avassalador desafio cotidiano.

Nesse mundo volátil, a rapidez das tecnologias, as novas formas de trabalho e de relacionar-se com o outro trazem ao mundo dos negócios uma fluidez permanente, que clama por mudanças constantes. Não há como ter resultados pensando como ontem, nem como viver em um ambiente onde é impossível nadar contra a corrente. É uma onda que não é passageira. Há apenas uma certeza: nada é certo no mundo de incertezas.

Se há um mundo de incertezas, há imprevisibilidade. É um momento vivido pela humanidade que não foi previsto na estatística. As empresas precisam prever o futuro, ter o seu Planejamento Estratégico. Entretanto, as incertezas e dúvidas do contexto são afirmativas de que não se sabe aonde chegar, portanto, não cabem previsões baseadas em fatos do passado.

Em uma Gestão VUCA de complexidade, na qual há uma multidisciplinaridade de respostas e inúmeras relações adversas visitadas por um mesmo problema, é sabido que as soluções serão complexas, difíceis de escolher diante da variabilidade de resposta ao mesmo "problema". O ser humano está diante de muitos caminhos, o que confunde a sua própria escolha. É nessa confusão de escolhas que as organizações podem ser atingidas em seus resultados. As influências internas e externas afetam a empresa e não há uma gestão que controle o que está fora de alcance. Apenas é possível se apropriar e compreender essa interdependência em um mundo de uma diversidade humana e ambiental.

E o que falar da Ambiguidade? Aqui se trata das diversas situações em que vivemos, pois há inúmeras possibilidades e caminhos diferentes a percorrer. Dessa maneira, o ser humano pode ter diferentes sentidos e respostas para uma mesma questão. E aí, o que escolher? Qual a melhor resposta e/ou solução para aquela problemática?

Essa liberdade ambígua e o livre arbítrio trazem diversas incertezas, tornando muitas vezes difícil entender a natureza do problema. Se é assim no nosso mundo interno e VUCA, imaginem no ambiente organizacional. No entanto, pode-se afirmar que nem todas as respostas apresentam as melhores soluções. E isso se deve ao fato de muitas vezes não entendermos a natureza do problema enfrentado.

Outro aspecto da característica abordada são as "incertezas". A falta de clareza quanto ao propósito da empresa, falta de informações e a própria coerência dos acontecimentos podem gerar más interpretações e falsas respostas, impactando os resultados. Para lidar com essa força do mundo VUCA, não podemos assumir a diversidade do poema da Cecília Meireles "Isto ou Aquilo". No cenário atual é "Isto e Aquilo".

Segundo Marcelo Elias, professor renomado da Fundação Dom Cabral, da FGV e Consultor da Franklin Covey, podemos representar VUCA por meio de uma matriz que faz a correlação entre o "conhecimento que temos sobre uma determinada situação e a previsibilidade dos resultados possíveis de nossas ações".

Portanto, quando temos uma situação bastante conhecida e ampla noção da previsibilidade de nossas ações, dizemos que estamos em um contexto Volátil, pois, apesar de esses dois traços serem positivos, sabemos que as coisas podem mudar velozmente e as certezas e conhecimentos podem ficar ultrapassados.

A incerteza é fruto de situações com ações de resultados inesperados, ainda que tenhamos conhecimento sobre elas. Quando possuímos pouco conhecimento a respeito de determinados contextos e cenários, é possível dizer que estamos em situação de Complexidade, independentemente de saber com precisão os resultados de nossas ações.

No caso da Ambiguidade, esta decorre de situações em que temos pouca previsibilidade das ações e baixo conhecimento.

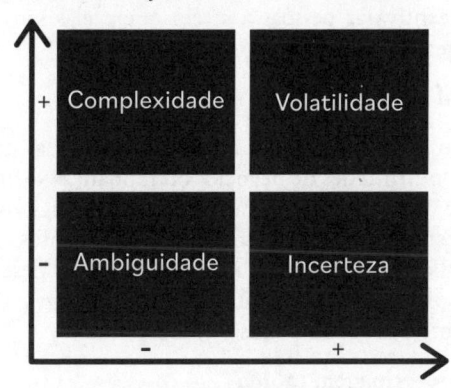

	−	+
+	Complexidade	Volatilidade
−	Ambiguidade	Incerteza

Seguindo o referencial teórico do professor Marcelo Elias, existem novas competências essenciais a serem desenvolvidas pelas pessoas para enfrentar esse Mundo VUCA. São elas:

Adaptabilidade proativa

Diz respeito à capacidade de identificar as oportunidades e desafios do futuro por meio da observação das novas tendências, dados e informações. Essa competência é um diferencial, afinal antecipar-se não é uma adaptabilidade tradicional; agora se faz necessário mudar antes de as coisas acontecerem, a proatividade alinhada à capacidade de ser diferente, de transformar-se naquilo que o amanhã vai precisar.

Resiliência evolutiva

Durante muito tempo falou-se que "a capacidade de resistir às adversidades e voltar ao estado original" era um diferencial competitivo e de sucesso. Agora, nesse mundo VUCA é fundamental, além de resistir às dificuldades, aprender com as vivências, entendê-las, desenvolver-se e retornar melhor do que era antes em cada novo desafio.

Liderança por propósito

Anteriormente o que dominava o mundo organizacional no processo de liderança eram os líderes que delegavam as tarefas; atualmente, a liderança permeia pela "inspiração". Um propósito transparente mobiliza para a mudança de atitude, motiva, encoraja, engaja, inova e oportuniza os indivíduos na busca da solução dos problemas. Como diz Sri Prem Baba, "O propósito é a coragem de ser quem somos". Uma Liderança Inspiradora incentiva as pessoas a serem quem elas são à medida da sua própria força.

Cultura digital

No conceito de Marcelo Elias, a cultura digital é a "capacidade de criar, engajar e nutrir redes de negócios ou mudanças sociais através do uso inteligente de mídia eletrônica e dos recursos digitais". Essa nova linguagem, interações, comunicações e relacionamentos são muito diferentes da tradição, o que requer uma nova cultura e desenvolvimento de hábitos novos, mudanças de atitudes. Um reaprendizado tanto para as pessoas quanto para as empresas.

Cocriação e prototipagem rápida

Trata-se de valores adotados pelo *design thinking*. É a competência de explorar sua própria criatividade, objetivando construir e criar coisas novas, bem como o talento para conectar-se com outras pessoas nessa criação. As pessoas unidas, em times e em redes. Dessa maneira, elas são mais rápidas no entendimento dos cenários e propõem as soluções aos problemas.

Empatia multifocal

A empatia fundamenta-se na capacidade de "colocar-se no lugar do outro". Para as Teorias Humanistas, ainda é se "colocar no lugar do outro com os olhos do outro". Nesse conceito ultranovo do Mundo VUCA, é nos colocarmos no lugar "dos outros", percebendo que cada parte envolvida nessa relação tem visões, desejos e necessidades únicas e diferentes. É aí que entra a importância de ser "multifocal", entendendo as pessoas de maneira ilimitada e sem tendências ao julgamento.

Solução da complexidade

O Mundo VUCA não aceita pensamentos ortodoxos. "Não pensamos fora da caixa", é preciso pensar sem a caixa. Nas discussões realizadas no Fórum Econômico Mundial para os Líderes de 2020, a competência mais importante foi a "solução de problemas complexos". E para desenvolvimento dessa habilidade se faz presente um pensamento não linear, mais disruptivo e relações interdependentes entre as pessoas.

Fazer menos e melhor

Um dos princípios fundamentais da produtividade é "fazer mais e melhor"; porém, em um mundo onde os recursos tecnológicos estão cada vez mais democráticos, com variedades de informações e metodologias acessíveis, precisamos de muito foco e propósito para ter a sabedoria de identificar quais ações realmente valem a pena. A regra para fazer melhor é bem básica e simples: "Fazer menos".

Agilidade não apressada

Apesar de certa similaridade entre "agilidade" e "pressa" na definição da língua portuguesa, não podemos agir com pressa, nos precipitar, nos afobar. No Mundo VUCA não cabe essa "pouca paciência", o que se pede é "agilidade", ser rápido, mas com planejamento. É preciso ser rápido, não apressado!

Recapacitação (*reskilling*)

Mundialmente, *reskilling* significa "recapacitação", "retreinamento" ou ainda construção de novas habilidades. É uma reinvenção de si mesmo, trocando as velhas certezas para viver como um eterno aprendiz.

Nesse contexto, em que mudanças rápidas, profundas e simultâneas acontecem, ter sucesso equivale a "aprender a desaprender". É aprender a reaprender com o novo olhar para o aprendizado. É fazer uma alusão ao cantor Gonzaguinha na sua música *O que é, o que é?*: "Viver e não ter a vergonha de ser feliz, cantar e cantar, a beleza de ser um eterno aprendiz".

Diante do que vimos até aqui, parece-nos que viver esse Mundo VUCA significa uma mudança a partir de nós mesmos. Pensar: O que quero mudar? Por que quero mudar? Qual o significado dessa mudança? Qual o meu propósito de vida? Quanto de coragem tenho para responder a esse propósito, de ser quem eu quero ser?

Perguntas como estas são impulsionadoras para refletirmos a importância de ressignificar a nossa própria história. Religar-se à nossa essência e gelatinizar os conceitos aprendidos. No entanto, chamo a atenção para uma grande reflexão. Como viver sob os impactos do Mundo VUCA nas relações pessoais e profissionais das organizações?

Até que ponto pode chegar a pressão imposta pelo Mundo VUCA? Como as pessoas vivenciarão todas essas modificações para adaptar-se às novas demandas tão desafiadoras?

O que os líderes nas organizações estão pensando ou repensando em relação à "segurança emocional" das pessoas, nesse mundo tão líquido, fluido e tão presente-futuro? Há uma chamada para o novo, mas um novo que se alimenta de construções anteriores, que estão enraizadas em cada um de nós. Afinal, importa o que somos na construção de um novo ser. Adaptar-se a tudo isso é, em muitos momentos, uma violência interior, individual e singular, que pode causar sofrimento, insegurança, medo de não dar conta, ansiedade e muitos transtornos psicológicos, socioemocionais, mentais e até físicos, as chamadas doenças psicossomáticas.

Caberá às organizações que aprendem buscar um equilíbrio a essa nova tendência, desenvolver seus líderes com competências transversais e de transliderança. Ajudá-los a iluminar a si mesmos para brilhar o ambiente que os rodeia. Quem sabe aqui começa uma nova jornada para as organizações.

Referências

ELIAS, Marcelo. *As novas competências essenciais para um mundo VUCA*. Universidade da Mudança, 2019.

MACHADO, Solange Mata. *Skills, tool & competencies* – STC. Artigo VUCA. Fundação Dom Cabral, 2017.

YAMAGATA, Nícolas. *Mundo VUCA e o papel da inteligência*. Veritae, 2016.

12

TER SENTIDO FAZ SENTIDO: CONECTANDO VIDA E CARREIRA

Neste capítulo, os leitores encontrarão reflexões sobre o atual mercado de trabalho, as possibilidades de carreira e as mudanças na relação trabalho/trabalhador. Além disso, terão acesso aos passos necessários para (re)avaliarem suas escolhas profissionais, refletindo sobre suas aspirações, critérios de decisão e objetivos para que possam fazer mudanças e escolhas que conectem vida e carreira em um único sentido.

JANAINA FIDELIS

Janaina Fidelis

Consultora de desenvolvimento humano e organizacional com mais de 22 anos de experiência na área de Recursos Humanos, Gestão de Carreiras e Pessoas. Possui sólida atuação como especialista de carreira (*master coach*, mentora e consultora), palestrante e professora de cursos de pós-graduação em gestão e psicologia. Em sua atuação de mais de 15 anos no mundo corporativo, ocupou posições de liderança e especialista em multinacionais como AmBev, Gerdau e Vale. Mestre em Administração (PUC), pós-graduada em Gestão de Negócios (FDC), especialista em Relações do Trabalho (FDC) e psicóloga (Fumec). Possui certificação em Coaching Executivo Organizacional, certificação internacional em Mentoria de Negócios & Inovação, International Certification in Change Management e formação em Positive Experience Game. Certificação The Inner Game Fundamentals & Tools, *master coach* de carreira, formação em Action Learning Coaching e formação em Facilitadores de Codesenvolvimento.

Contatos
janainafidelis.com.br
janaina@janainafidelis.com.br
31 98350-8180

No ano em que eu escrevo o capítulo deste livro, completo 22 anos atuando na área de desenvolvimento humano e organizacional. Nestas mais de duas décadas, tive a oportunidade de conhecer e trabalhar com milhares de pessoas e centenas de organizações, em um mercado de trabalho desafiador, complexo e em constante transformação.

Pude presenciar e experimentar inúmeros movimentos organizacionais, mas nenhum tão significativo como o que vivemos em 2020, em decorrência da pandemia causada pelo novo coronavírus. Desde o final do século XX, a humanidade vem experimentando outros níveis de exigências causadas por mudanças significativas nas áreas sociais, tecnológicas e econômicas, obrigando o homem a desenvolver uma grande capacidade de adaptação ao novo. Por mais que todas as previsões e movimentos apontassem para um mercado de trabalho em mudança, não podíamos prever que teríamos de nos adaptar a novos cenários de forma tão veloz.

As organizações precisam reavaliar suas políticas de gestão de pessoas e formas de gerir seus negócios diante desse mundo que mudou seu *modus operandi* para que o prazer pelo trabalho seja maior do que o sofrimento causado por ele. Para isso, os profissionais também precisam buscar um ponto de equilíbrio entre o tempo dedicado ao trabalho e ao não trabalho, de forma que as questões pessoais, como família e filhos, não gerem sofrimento ao invés de prazer.

Tivemos muitas perdas, mas gostaria de colocar aqui uma lupa sobre os ganhos e aprendizados. A relação trabalho e trabalhador mudou significativamente. Deixamos de separar tempo e espaço de trabalho e de vida levando nosso trabalho para casa. Começamos a valorizar as relações humanas, o ser tornou-se mais importante que o ter e passamos a buscar muito mais o equilíbrio e o bom aproveitamento do nosso tempo. Passamos a nos dedicar ao que realmente importa para cada um de nós, abandonando o que não faz mais sentido.

E se nossa relação com a vida mudou, não há como não falar sobre nossas aspirações, perspectivas e objetivos de carreira diante desse novo mundo que nos foi apresentado. O medo do desemprego ou perda de renda passou a conviver lado a lado com cada pessoa, uma vez que o trabalho passou a ser necessário não somente para termos a vida que queremos ter, mas para preservá-la com cuidados associados à saúde física e mental.

Ao mesmo tempo que o trabalho ganha importância na perspectiva financeira, outros motivadores associados a ele passam a ser percebidos pelas pessoas que começam a questionar o que faz sentido para si. Cresce o desejo de termos vida e carreira conectados a um único sentido para que possamos viver intensamente. No entanto, diante de tudo isso, como fica o tão sonhado sucesso profissional buscado por muitos de maneira intensa nas últimas décadas?

Atuando por tantos anos como profissional de Recursos Humanos dentro das empresas, pude perceber um padrão entre as pessoas que buscavam o tão sonhado "sucesso" profissional. Essas pessoas normalmente entravam nas organizações e almejavam conquistar cargos acima dos que estavam na estrutura organizacional, muitas vezes motivadas pela possibilidade de melhorar seus salários. Era como se fosse uma regra aplicável a todos: mude de cargo, suba na hierarquia, aumente seu salário e seja uma pessoa de sucesso.

Mas estaria o sucesso associado a cargo e salário? Em um modelo tradicional de carreira pode até ser que sim. Porém, para indivíduos capazes e ávidos por protagonizarem, que veem em suas carreiras possibilidades de realização, que não querem esperar os finais de semana para serem felizes, sucesso profissional está diretamente ligado ao estilo de vida que desejam ter e aos valores que norteiam suas decisões. Suas carreiras devem andar junto com outros aspectos da sua vida e não de maneira fragmentada.

Como é difícil fazer escolhas e mudanças para uma carreira com mais sentido e felicidade...

Ao refletir sobre essas questões eu decidi, considerando todo o contexto que estamos vivendo, que a melhor maneira de contribuir neste capítulo do livro seria oferecendo um guia prático que te ajude a repensar sua relação consigo, com sua carreira e com o mundo. O que teria de mais humano nas relações profissionais se não a oportunidade de nos realizarmos profissionalmente para além dos padrões de sucesso preestabelecidos?

A primeira coisa que você precisa saber é que mudar faz sentido e que essas mudanças na sua carreira podem acontecer de diversas formas e em vários momentos. A grande questão que fará diferença é a forma como você vai planejar essas mudanças. Normalmente, mudanças que são pensadas, estruturadas e analisadas têm chances de serem mais bem-sucedidas no longo prazo.

Se de alguma forma você se interessou em continuar lendo este capítulo é porque mudar sua condição atual de trabalho – seja para uma outra empresa, cargo ou ressignificando onde você está – faz muito sentido para você. A clareza disso é o primeiro passo para a realização das mudanças que você deseja fazer para uma vida e carreira mais felizes ou de mais "sucesso", se assim preferir. Não é fácil, mas é possível e isso já é suficiente para começar.

Dois grandes motivos nos levam a começar um processo de mudança: a mudança pela dor ou pelo prazer. Você pode ter escolhido mudar porque a sua condição profissional atual vem te gerando sofrimento e você deseja fazer uma transformação para minimizar ou eliminar o motivo que tem provocado essa dor. Mas também pode estar motivado(a) a mudar pelo desejo de sentir prazer com seu trabalho. Seja por um motivo ou por outro, a mudança deve começar por VOCÊ. Aqui você encontrará os cinco passos necessários para assumir o protagonismo da sua carreira conectando vida e trabalho em um único sentido.

Passo 1 – Olhar para dentro – Invista no autoconhecimento e na definição do seu sentido

Pensar no seu conceito de sucesso é sua primeira missão. Sucesso para uns pode significar dinheiro. Para outros, status, autonomia, poder, desafios ou dedicar-se a uma causa. Sucesso pode ser mudar de emprego várias vezes, colecionando experiências, pode ser abrir um negócio, ser autônomo, passar em um concurso, lecionar ou criar coisas ou negócios. Dependendo do seu momento de vida, sucesso pode ser se aposentar com condições dignas para seguir sua vida da maneira que sempre sonhou.

Por muitos e muitos anos eu me julgava feliz nas minhas escolhas profissionais. Consegui concluir minha graduação, fiz duas pós-graduações e mestrado. Tive uma carreira ascendente e passei por quatro multinacionais de grande porte, chegando a uma posição gerencial de abrangência nacional na área de Recursos Humanos. Pensando em alguns padrões impostos pelo meio social, eu poderia até dizer que construí uma carreira de sucesso. Mas, na verdade, até fazer minha transição eu nunca tinha parado para pensar o que seria uma carreira de sucesso.

Definir o que faz sentido para você é importante para que consiga saber qual é seu conceito de sucesso. Só depois de definido seu sentido, você passará para a definição do seu objetivo profissional.

Mas não se preocupe! Seu conceito de sucesso pode mudar ao longo da vida e você poderá voltar e rever todo esse material. Afinal de contas, as escolhas de carreira não precisam ser definitivas.

Nossos padrões de escolha podem ser alterados ao longo da vida, porque estamos a todo tempo sofrendo influências do meio externo. Por isso é tão importante investir tempo periodicamente para voltar a esse passo 1. As nossas experiências e os ciclos de vida podem impactar a definição do que é sucesso para nós. Investir no autoconhecimento é algo que você deverá fazer por toda a sua vida.

As perguntas a seguir vão te ajudar nessa reflexão:

- Chegando ao fim da sua vida, o que você não gostaria de ter deixado de fazer?
- Como as pessoas te definem? Como você se define?
- Como gostaria de ser lembrado(a) pelas pessoas que convivem com você?
- Se você tivesse o poder de escolher ser profissionalmente quem quisesse, quem seria e por quê?
- Quais são as pessoas que mais admira na vida? O que elas fazem para merecer sua admiração?
- Quais são suas principais competências? O que você faz de melhor?
- Agora responda, em três a cinco linhas, o que **faz sentido para você**, ou seja, o que espera e quer levar dessa vida?

Agora que você já sabe qual é seu SENTIDO da vida, liste os seus principais valores. Valor é aquilo que você não abre mão na sua vida. Família, liberdade, autonomia, aprendizado e lealdade são valores para mim. Liste de cinco a dez valores que guiam sua vida e suas escolhas.

Todos temos fortalezas, características positivas e fraquezas, aquilo que precisamos melhorar. Anote quais são suas fortalezas e os pontos que acredita que pode aperfeiçoar para se tornar uma pessoa e profissional melhores.

Agora você já sabe qual é o sentido da sua vida, conhece seus valores, seus pontos fortes e suas oportunidades de desenvolvimento. Com isso, você já conseguirá, em uma frase, definir o que é sucesso para si.

Passo 2 – Explorar possibilidades

Faça uma lista de tudo o que você quer, não quer e pode querer para seu trabalho. Quanto maior a lista, melhor! Liste o ambiente que deseja, que tipo de atividade te motiva, quanto deseja ganhar, as pessoas com as quais deseja se relacionar, quais atividades quer desempenhar etc. A análise dessas possibilidades vai te ajudar a definir seu objetivo profissional.

Passo 3 – Defina um objetivo

Imagino que você tenha listado muitas possiblidades no passo anterior entre o que quer e pode querer para seu trabalho. Você deve estar se perguntando: o que faço com tudo isto? Para cada "eu quero" que você tenha definido de possibilidades, pense em possíveis oportunidades de trabalho (não estamos falando de cargos, OK?). Para te ajudar, vou te dar um exemplo: "Eu quero jornada flexível em uma empresa em Belo Horizonte, de médio porte, onde eu tenha oportunidade de trabalhar com produtos e serviços/digitais, sem liderar pessoas".

Existem muitos caminhos para sua carreira. Não deixe de considerar isso. Você pode:

- Atuar como profissional em alguma empresa.
- Abrir seu próprio negócio.
- Fazer concurso público.
- Seguir a carreira acadêmica.
- Ser autônomo.

Em um mundo em constante transformação, você deve analisar todos os caminhos que levam ao seu destino.

Relacione as oportunidades que você listou com seu sentido de vida, sua definição de sucesso e seus valores.

Priorize as três oportunidades que apresentaram maior aderência a essas questões, ou seja, aquelas que mais te aproximam do que é importante para você e siga para o passo 4.

Passo 4 – Planejar a mudança

É importante que você faça uma pesquisa de campo relacionada ao objetivo ou objetivos que definiu. O seguinte *checklist* vai te ajudar:

- Liste todas as empresas que atenderiam aos critérios definidos no seu objetivo.

- Localize pessoas que trabalham com essa função desejada ou nesses lugares.
- Informe-se sobre o trabalho e os requisitos necessários para esse tipo de atividade. Caso seu objetivo seja continuar na mesma empresa, mas em outra área/função, converse com pessoas que ocupam essa posição.
- Faça uma lista de pessoas com quem você precisa falar sobre seu objetivo profissional.
- Busque notícias sobre o segmento, função ou área de atuação que você definiu como objetivo para saber as tendências sinalizadas.
- Se você quer abrir um negócio, faça uma pesquisa de mercado no segmento em que quer atuar. Converse com pessoas que já estão atuando nesse setor. Busque informações básicas para análise de viabilidade do negócio.
- Investigue os valores praticados pelas empresas da sua lista.
- Pesquise quanto o mercado paga para a função ou negócio que você está buscando.

Passo 5 – Agir (definir o quê, quando e como)

Chegou a hora de colocar em prática seu plano de transição.

Depois de percorrer os quatro passos anteriores, tudo ficará mais fácil; portanto, se você não se dedicou como gostaria a algum deles, volte e faça seu percurso.

Você já tem um objetivo, já sabe como está o mercado na sua área de atuação ou no negócio em que quer investir, conhece seus valores, pontos fortes, pontos fracos, sua definição de sucesso e o sentido da sua vida.

Hora de seguir...

Transforme em ação tudo o que identificou a partir das suas explorações.

Faça seu plano de mudança com a descrição de: **o quê, como, quando, quanto custa, onde e quem pode me ajudar**.

Considere no seu plano:

- Cursos que precisa fazer.
- Competências que precisa desenvolver.
- Contatos que precisa retomar.
- As pessoas que pode acionar para te ajudar na transição.
- Qual estratégia vai usar para chegar às oportunidades de trabalho priorizadas (p. ex., ter acesso às vagas de emprego ou concursos na área de interesse).

- Como você vai construir ou melhorar sua rede de relacionamentos focados no seu objetivo.
- Em quais instituições você precisa se credenciar ou fazer parte.

Pronto!!!
Agora você não precisa mais esperar para ser feliz na sua vida e carreira.
Basta colocar em prática seu plano e conectar vida e carreira em um único sentido.
Afinal, ter sentido faz sentido!

Referências

DUTRA, J. S. *Administração de carreiras*: uma proposta para repensar a gestão de pessoas. São Paulo: Atlas, 2009.

DUTRA, J. S.; ALBUQUERQUE, L. G. *Âncoras de carreira*. Texto adaptado do livro de Edgar Schein – Career Anchor – em formato de apostila para uso em aula. USP, 2002.

SCHEIN, E. H. *Career dynamics:* matching individual and organizational needs. Reading: Addison-Wesley, 1978.

TEPERMAN, J. *Anticarreira*: o futuro do trabalho, o fim do emprego e do desemprego. São Paulo: [s.n.], 2019.

TONON, L.; GRISCI, C.L.I. Gestão gerencialista e estilos de vida de executivos. RAM – *Revista Adm. Mackenzie*, 16(1), 15-39, São Paulo, jan-fev, 2015.

13

EMPRESAS COM SIGNIFICADO

Por que algumas empresas conseguem melhores resultados, maior fidelização de clientes e colaboradores? Empresas com abordagens diferenciadas, voltadas para as pessoas, conseguem gerar significado e competitividade no mercado. Conheça mais sobre "empresas com significado".

LORENA PINHO

Lorena Pinho

Doutora em Administração, mestre em Desenvolvimento Humano e Responsabilidade Social, especialista em Contabilidade Gerencial e em Produção de Mídias para Educação On-line, graduada em Ciências Contábeis, estudante de Psicologia, com formação em *Coach*. Professora da Faculdade de Ciências Contábeis da Universidade Federal da Bahia. Entusiasta pelas "Empresas com Significado" e pela liderança humanizada. Tem como propósito inspirar e desenvolver pessoas. É uma otimista que gosta mesmo é de "pessoas"; e quanto maior o contato, melhor!

Contatos
lorenapinho.com.br
lorena@lorenapinho.com.br
Instagram: @lorenapinhooficial
71 99972-4641

A empresa

> *Importa como você faz dinheiro.*
> *Se o lucro é obtido colocando um fardo sobre a sociedade,*
> *essa empresa é um parasita. Devemos medir o sucesso olhando*
> *o impacto que causamos na vida das pessoas.*
> Raj Sisodia

Quando penso em empresas, frequentemente vêm à tona três questões nas quais busco as respostas mais lógicas. Quero compartilhar essas perguntas e, ao mesmo tempo, provocar algumas reflexões:

- Como explicar que algumas empresas conseguem resultados acima das expectativas?
- Por que muitas empresas conseguem maior fidelização de clientes e colaboradores?
- Quais os principais fatores que levam empresas – similares e concorrentes – a fecharem e outras a ampliarem seus negócios?

Após algumas experiências pessoais e profissionais, longas conversas com empresários e alguns anos de estudos, comecei a formular as minhas teorias sobre essas questões e quero compartilhá-las.

O objetivo é apresentar elementos que vão além da criação de produtos e/ou serviços diferenciados, viabilidade do negócio, planejamento, controle financeiro e capacidade de gerenciamento, que são as premissas básicas para o bom funcionamento de uma empresa.

Para a realização dos negócios, também é necessário o alinhamento dos produtos, processos e pessoas. Esses três elementos estão inter-relacionados e precisam estar em sintonia para que a empresa funcione.

Compreender o papel das pessoas na empresa, bem como equilibrar as suas expectativas e necessidades, é fundamental, pois possibilita ganho coletivo e adiciona valor à marca, uma vez que as pessoas passam a comprar produtos e serviços condizentes com suas crenças, valores e ideais.

Em um mundo com a competitividade elevada e a influência representativa das redes sociais, com crise de significado, novas estratégias estão sendo adotadas pelas empresas, que estão ressignificando os seus negócios.

A busca tem sido por organizações mais conscientes e relevantes, demonstrando o que têm a oferecer de dentro para fora. As empresas que se conectam com as pessoas de forma genuína, por meio de um propósito maior, são aquelas com maiores chances de permanecerem no mercado.

Começar pelo "porquê" do negócio, por um propósito, ajuda a inspirar as pessoas. Elas passarão a seguir e consumir seus produtos e serviços não porque precisam, mas por se identificarem, é uma opção consciente. É preciso ter um propósito atrelado ao resultado, preocupar-se com o seu impacto no mundo.

Neste texto, vamos abordar os aspectos relacionado às pessoas, os protagonistas envolvidos mais diretamente no negócio: o empresário; o colaborador; e o cliente. O objetivo é compreender os fatores que levam as empresas a gerarem significado. É preciso compreender que as empresas existem para servir as pessoas, as suas necessidades, não o oposto.

O empresário

Seja o líder que você gostaria de ter.
Simon Sinek

O empresário geralmente desempenha o papel de líder, que orienta e guia o seu negócio, sendo a figura central da sua empresa. Nessa condição, é imperativa a busca de ações orientadas para entrega de valor na condução do negócio, para gerar significado real para os *stakeholders* (partes interessadas no negócio). É preciso voltar seu olhar para a empresa como um todo.

A primeira mudança precisa ser de pensamento. Se a mentalidade do empresário não mudar, nada muda. Depois, é preciso uma mudança de comportamento, por meio de ações que conduzam sua empresa para outro patamar, ultrapassando a lógica do lucro.

É necessário reconhecer a importância das pessoas nesse cenário, investir na construção de uma marca, de uma reputação, que ganhe e fidelize clientes com honestidade, alinhamento dos propósitos, qualidade do produto/serviço, com preço justo, valorização e investimento no seu público interno e no meio onde está inserido.

Em empresas em que a gestão é realizada por outras pessoas, é indispensável que essa lógica seja inserida, que os líderes se importem verdadeiramente com as pessoas e que cultivem um estilo de liderança humanizada. Cabe lembrar que é o líder quem dita o ritmo e a dinâmica do negócio.

Nesse contexto, destaco a liderança consciente e humanizada, que considera os indivíduos e suas necessidades, é agregadora, democrática e confiável, procura desenvolver o equilíbrio emocional no ambiente corporativo. Uma liderança que é voltada para cuidar das pessoas, estimular o engajamento e buscar um resultado comum para todos.

Para adotar uma liderança humanizada, é necessário desenvolver novos hábitos e até mesmo uma mudança de clima e cultura organizacional, voltada para o cuidado, valorização do capital humano e o desenvolvimento das pessoas.

Esse estilo de liderança é capaz de promover transformações nas vidas das pessoas, no meio em que elas estão inseridas, ao mesmo tempo em que fortalece as suas relações e parcerias, bem como a sua marca.

Os colaboradores

> *Procurando pessoas para contratar, você busca três qualidades: integridade, inteligência e energia. E se elas não têm a primeira, as outras duas matarão você.*
> Warren Buffet

O papel dos colaboradores nas organizações tem ganhado cada vez mais protagonismo. Não adianta ter o melhor produto, uma tecnologia de ponta, a melhor logística, se não tiver pessoas comprometidas com os objetivos da empresa.

São as pessoas que executam as atividades, controlam os processos, atendem os clientes e gerenciam a empresa. O capital humano é uma parte integrante e imprescindível da organização. São as pessoas que fazem o negócio funcionar.

O "efeito *Hawthorne*" demonstra que o grau de produtividade é resultado da maneira como o profissional se sente na organização. Se um colaborador está insatisfeito, desanimado e infeliz, dificilmente conseguirá desenvolver seu trabalho com eficiência e eficácia, resultando em baixa produtividade. Este é o efeito *Hawthorne*.

Quando contamos com um colaborador com liberdade para se expressar, com boa integração social, motivado, valorizado e feliz, certamente ele trará melhores resultados. Consequentemente, teremos uma redução de erros e faltas, aumento da integridade e disposição para ir além das suas obrigações.

Sentimentos como esses são transferidos para os clientes e partes interessadas. Muito provavelmente um funcionário que é respeitado e valorizado pela empresa acaba retribuindo à altura. Afinal, investir na felicidade e qualidade de vida dos colaboradores é investir e acreditar no próprio negócio.

Não é apenas um salário justo que promove tal ação, e sim um conjunto de fatores. As pessoas têm se questionado sobre o seu próprio propósito e o impacto das suas ações no mundo; com isso, cresce a busca por empresas que promovem transformação social.

É preciso que exista uma confiança mútua entre os membros, construindo relações saudáveis em uma empresa que respeita e valoriza seus colaboradores, com planos de carreira e meritocracia. Com uma cultura organizacional voltada para um propósito maior, com ações que promovam transformação social, cultivando o sentimento de pertencimento, com líderes humanizados.

Quando o público interno é fortalecido, alinhado com os valores e princípio da empresa, com uma cultura organizacional consciente, o efeito é uma conexão genuína com os colaboradores, despertando seu potencial e alcançando os melhores resultados.

Os clientes

> *As pessoas não são motivadas por resultados. Tudo se resume ao fator humano – e o propósito é a força por trás disso. É o que mexe com nossas almas e nos inspira a fazer grandes coisas por longos períodos de tempo. É construído com pessoas e não com consumidores.*
> Joey Reiman

Ter um produto e/ou serviço e atendimento de qualidade, um time bem treinado, canais de comunicação e um pós-venda adequado já não são diferenciais para os clientes. O cliente busca por melhores experiências, prima pela exclusividade, bom relacionamento e por pagar um preço justo.

Contudo, é cada vez mais crescente o número de pessoas que demandam por empresas que vão além da comercialização de produtos e serviços. Os consumidores estão em busca de negócios conscientes, com os quais se identifiquem, negócios que se posicionam de maneira responsável e possuam um propósito de contribuição para a sociedade e sustentabilidade do planeta.

Tem crescido a busca pelo "por quê" e pelo "como" as empresas produzem. Aspectos como o grau de comprometimento com a transformação social, estabelecimento de relações de confiança entre a cadeia e a forma como tem traduzido seus valores em ações efetivas são cada vez mais observados.

O processo de encantamento do cliente envolve demonstrar que, quando seus produtos são consumidos, isso ajuda a tornar o mundo um lugar melhor, com entrega de valor. É preciso que seus interesses e ações sejam autênticos e verdadeiros.

Quanto mais "consciente" e "humana" a empresa se torna, mais ela cria um sentimento de comunidade e pertencimento, se comunica e conecta com seus clientes com maior significado. Um cliente que confia na empresa se fideliza e divulga a sua marca para os outros.

Empresas com significado

> *As probabilidades de se sentir completamente envolvido com seu trabalho aumentam em 250% se você trabalhar com projetos que tenham significado para você.*
> Tom Rath

Embasada na minha trajetória pessoal e profissional, observei que algumas empresas conseguem gerar mais significado para os colaboradores, os clientes e a sociedade, por meio de propósitos, ações, experiências positivas e marcantes. A partir dessa percepção, chamei essas organizações de "empresas com significado".

Ter significado envolve a importância atribuída a algo, seu valor, ligado diretamente a uma relação de reconhecimento, de apreço. Quando atribuímos um "significado" a alguma coisa, isso faz diferença, pois passa a fazer sentido, gerar valor, nos faz sentir melhores, realizados, podendo envolver uma conexão com algo maior. Ao descobrir e se conectar com esse significado, as coisas passam a ter mais validade e legitimidade.

Nos negócios não é diferente. Quando uma empresa gera significado para as pessoas, abre espaço para que elas se envolvam e colaborem com o seu propósito. Há cada vez menos espaço para empresas que visam exclusivamente à lucratividade e ao retorno para seus proprietários.

Uma "empresa com significado" é aquela que:

- trata seus colaboradores com equidade e respeito;
- busca satisfazer os interesses e diferentes valores dos *stakeholders*;
- possui uma maneira diferenciada de se relacionar com colaboradores, clientes, governo e sociedade;
- busca uma maneira de se comunicar, relacionar e conectar genuinamente com os clientes;
- desenvolve uma cultura organizacional consciente, alinhada com valores e princípios que promovam transformação social e ambiental no meio em que está inserida;
- age com integridade e ética, prima pelos seus valores e os transforma em ações;
- conquista o respeito e admiração dos colaboradores, clientes e sociedade;

- entende que fazer negócios vai além de ganhar dinheiro;
- prioriza um propósito maior e gera valor na vida das pessoas.

As "empresas com significado" compreendem que as pessoas estão no cerne da questão. Adotam práticas mais conscientes e conectadas com as necessidades dos colaboradores, clientes e empresários, criam valor e se tornam, consequentemente, mais fortes.

Conclusão

As empresas que conseguem resultados acima das expectativas, maior fidelização de clientes e colaboradores, que se mantêm no mercado de forma competitiva, certamente são aquelas que geram maior significado na vida das pessoas.

O empresário e o líder de uma "empresa com significado" reconhecem que são as pessoas, a forma como elas se relacionam e se posicionam que fazem a diferença. Esses empresários investem nas pessoas, acreditam no negócio com propósito. São líderes humanizados e conscientes, que inspiram e despertam o melhor nos colaboradores, tratando-os com equidade, proporcionando orgulho e engajamento.

Em uma "empresa com significado", os colaboradores são comprometidos com suas atividades e com o seu propósito, encontram sentido em seu trabalho. São motivados e engajados, possuem o sentimento de pertencimento e vão além do cumprimento das obrigações.

As novas demandas dos clientes anseiam por organizações possuidoras de um propósito maior, conscientes, que se posicionam de forma responsável e tornam o mundo melhor. Com isso, os negócios com significado atendem às novas exigências e conseguem se conectar de forma diferenciada com esses clientes.

As "empresas com significado" procuram formas de melhorar o meio onde estão inseridas. São integras, têm o respeito e admiração dos *stakeholders*. Elas optam por uma abordagem orientada para/nas pessoas para a condução dos negócios, voltada para a entrega de valor, gerando verdadeiro significado com quem se relacionam.

Conheça as pessoas, suas necessidades e motivações. Importe-se verdadeiramente com elas. Tenha valores e atitudes que façam a diferença em suas vidas. Contribua com a transformação social. Com isso, certamente, você terá uma "empresa com significado", admirada e conectada com as pessoas de forma genuína e autêntica.

14

A MENTORIA NO DESENVOLVIMENTO DO NOVO *MINDSET* DA LIDERANÇA

A era digital demanda um líder inovador cujo desafio é ajudar a criar o novo, inspirando e engajando as pessoas para buscarem soluções e implantarem mudanças necessárias às transformações do mundo corporativo. Para isso, o líder precisará possuir a mente aberta e criativa, aprendendo e se renovando permanentemente. A mudança de *mindset* da liderança é uma necessidade e a Mentoria é, no contexto geral do desafio de gestão de pessoas, o processo que mais recursos coloca à disposição no que tange ao desenvolvimento de competências para formar líderes com esse novo modelo mental.

MARISILVIA COSTA

Marisilvia Costa

Mestre em Administração pela Faculdade Boa Viagem-Wyden, MBA em Gestão pela Fundação Dom Cabral, especialista em Administração e bacharel em Matemática pela Universidade Federal da Bahia. Formações em Orientação Profissional e de Carreira pelo Instituto do SER-SC e Criatividade pelo Disney Institute. Coach Executiva e de Carreira pelo ICI e SLAC, instituições credenciadas pelo ICF (International Coaching Federation). Experiência de mais de 20 anos como diretora de recursos humanos em empresas nacionais e multinacionais, incluindo *assignment internacional* nos EUA. Docente em cursos de pós-graduação, diretora da Develop, desenvolve trabalho voluntário como diretora da ABRH BA e atua como mentora de profissionais e times. Seu propósito é promover o desenvolvimento humano.

Contatos
marisilvia.develop@gmail.com
LinkedIn: www.linkedin.com/in/marisilviacosta
71 99961-1300

Um novo líder, um novo *mindset*

O mundo tem se tornado cada vez mais digital, as organizações mais fluidas e menos hierárquicas, os consumidores mais tecnológicos e a sociedade mais conectada. A digitalização modificou não somente as relações de consumo, mas também as relações humanas, impactando a gestão de pessoas e demandando um novo estilo de liderança.

A jornada digital iniciada com a Quarta Revolução Industrial, também denominada Indústria 4.0, exige uma liderança com visão estratégica para direcionar os rumos do negócio de acordo com as transformações do mundo corporativo, gerando oportunidades em novos mercados e criando importantes conexões empresariais. Esse líder precisa lidar com a agilidade das informações, constantes mudanças do mercado, implantação estratégica de tecnologias, potencializando as competências do seu time.

Para o professor Klaus Schwab, fundador e *chairman* executivo do Fórum Econômico Mundial, a Indústria 4.0 vai muito além das tecnologias inovadoras nela empregadas. Ressalta que, nessa revolução, o talento das forças de trabalho se sobressai ao capital, representando fator crítico de produção. Dessa forma, a capacidade e velocidade do aprendizado das pessoas nas organizações representam a verdadeira vantagem competitiva, e a gestão de conhecimentos e a capacitação dos trabalhadores são importantes desafios a serem gerenciados pelas lideranças.

As empresas não são mais vistas como estruturas hierarquizadas de cargos e sim como grandes redes de relacionamento entre pessoas, e a prioridade passa a ser a maneira como elas se comportam e se relacionam. Quaisquer transformações e mudanças dependem do fator humano. Isso demanda do papel do líder uma profunda transformação na forma como constrói uma organização na qual times colaboram, geram valor, aprendem, compartilham esse conhecimento e, consequentemente, evoluem.

Estilos de liderança que funcionaram no passado e que hoje ainda são encontrados nas organizações não continuarão a ser reproduzidos nesse novo contexto. O gestor tradicional, forjado na cultura do comando e controle, está perdendo espaço rapidamente. Líderes autoritários, transacionais, que delegam tarefas sem liberdade e empoderamento das equipes não encontrarão espaço nas novas organizações.

No seu lugar surge o líder positivo, ágil e transformacional, cujo desafio é ajudar a criar o novo, inspirando e engajando as pessoas para implantarem as mudanças necessárias na direção da visão da organização. Esse líder delega e estimula seu time na busca de soluções e novas ideias, incentiva as relações de apoio e o trabalho colaborativo; age com transparência, confiança e *feedbacks* constantes e desenvolve um time de alta performance com um senso profundo de significado e propósito do trabalho.

Para implementar as transformações demandadas pela era digital, o líder precisará possuir a mente aberta e criativa, aprendendo e se renovando permanentemente. A mudança de *mindset* da liderança perante a evolução da transformação digital não é uma necessidade nova. Mesmo assim, a segunda edição do relatório de tendências de RH do Great Place to Work (GPTW) de 2020 constatou que o principal obstáculo para o crescimento das empresas ainda é a mentalidade de seus executivos. A partir das respostas de 818 entrevistados, o levantamento apresentado no início do ano concluiu que 68% apontam a mudança de *mindset* da liderança como foco da área de gestão nos próximos anos.

É possível mudar o *mindset*

Mindset significa a maneira de uma pessoa pensar ou o seu modelo mental. Consiste no conjunto de crenças, regras e valores que vão determinar seus pensamentos, comportamentos, atitudes e escolhas, no dia a dia pessoal e profissional, impactando diretamente os resultados alcançados.

De acordo com Carol Dweck, professora de psicologia da Universidade de Stanford e pioneira no estudo sobre desenvolvimento pessoal e personalidade, o *mindset* explica nossa maneira otimista ou pessimista de ver a vida e nos colocar diante dela. Segundo Dweck, existem dois tipos de *mindset* que podemos cultivar: o fixo e o de crescimento ou progressivo.

As pessoas que têm um *mindset* fixo acreditam que seus traços, talentos e comportamentos são imutáveis e se posicionam fechadas ao aprendizado. Na prática, essas pessoas apresentam forte resistência ao novo e ao desenvolvimento de novas habilidades, possuem dificuldade em investir no próprio desenvolvimento, prejudicando suas possibilidades de êxito.

Por outro lado, as pessoas que cultivam um *mindset* de crescimento acreditam que podem desenvolver qualquer talento, habilidade e traço de personalidade por meio do esforço e trabalho duro e evoluir pela prática e persistência. Acreditam que as falhas e fracassos servem apenas como *feedback* e aprendizado para que melhorem, evoluam e se desenvolvam até atingirem o resultado que desejam. Quem adota o *mindset* de crescimento cria uma paixão pelo aprendizado e pela busca de desenvolvimento.

Mudar o *mindset* significa rever crenças e memórias de longo prazo que atuam como filtros e isso nem sempre é um processo racional e consciente. É preciso existir um componente emocional que traga relevância e justifique a necessidade da mudança. Nesse sentido, é fundamental o líder perceber o que a mudança de *mindset* representa e quanto impacta os seus resultados e os negócios da organização. A partir dessa consciência e do autoconhecimento, ele poderá identificar o que precisa mudar e se comprometer com o desenvolvimento, na prática do seu dia a dia, desse aprendizado.

O novo *mindset* a ser adotado pelas organizações inclui respeito, colaboração, ciclos de aprendizado, agilidade, foco na entrega de valor e capacidade de adaptação às mudanças. A liderança deve ser capacitada para imprimir esse novo *mindset*, mudando e criando a nova cultura, por meio do pensamento disruptivo, da energia transformadora e da competência para engajar pessoas, ou seja, por uma nova forma de pensar, agir e liderar seu time. Portanto, um conjunto de competências comportamentais *(soft skills)*, conquistadas pelo autoconhecimento, deverão ser combinadas às competências técnicas *(hard skills),* obtidas pelo conhecimento, para formar líderes com esse novo modelo mental.

Para acelerar a mudança do *mindset* dos líderes as organizações têm investido em programas de desenvolvimento pessoal e profissional por meio de treinamentos, *assessments, coaching* e mentoria. O *mentoring* (mentoria) é, no contexto geral do desafio de gestão de pessoas, o processo que mais recursos coloca à disposição no que tange ao amadurecimento pessoal e profissional, consistindo em um forte apoio para o desenvolvimento de líderes.

A mentoria como aliada para mudar o *mindset*

Mentoria tem sido definida como uma troca interpessoal intensa entre um profissional mais experiente (mentor) e um profissional menos experiente (mentorado), na qual o mentor fornece suporte, direção e *feedback* relacionados a planos de carreira e desenvolvimento pessoal. Na relação de mentoria, o mentor proporciona ao mentorado: aprendizado e desenvolvimento pela transferência de seus conhecimentos e experiências; suporte emocional para pensar e agir; e apoio social, inserindo-o no meio que precisa atuar.

Nesse modelo, mentores oferecem presença e escuta empáticas, aconselham e compartilham suas próprias experiências de erros e acertos, bem como suas lições aprendidas. Com seu exemplo, podem reforçar valores e comportamentos que contribuam para o desenvolvimento das competências e do *mindset* adequados à cultura da organização e às necessidades do negócio.

A relação tradicional de mentoria estabelecida pela díade mentor-mentorado continua sendo utilizada com comprovado sucesso. No entanto, a mentoria vem se transformando para atender às necessidades crescentes de aprendizado e aconselhamento profissional, decorrentes das incertezas e reviravoltas nas carreiras que estariam adotando uma configuração em espiral e não mais uma sequência linear de experiências.

Assim, de uma relação hierárquica de longo prazo com um único mentor, a mentoria passou a incluir relações de curto prazo com múltiplos indivíduos que apoiam o desenvolvimento do mentorado, a cada estágio da sua carreira. Esses múltiplos relacionamentos formam um conjunto ou "constelação de relacionamentos" e podem ser modificados e ampliados de acordo com a necessidade do indivíduo e características da organização.

Uma ressignificação do conceito de mentoria é sua aplicação a pessoas de qualquer idade e estágio na carreira, ao contrário do que se costumava pensar, que seria aplicada apenas a jovens iniciantes. Pessoas em todas as etapas do processo de aprendizado podem ser beneficiadas, até mesmo os profissionais mais vividos e experientes.

Outra mudança na forma de pensar a mentoria é poder ser o mentor um profissional mais jovem e com menos tempo de empresa do que o mentorado. Em seu livro, *The 2020 Workplace*, Meister e Willyerd falam sobre a relação de mentoria, em que uma pessoa mais jovem orienta uma pessoa sênior em assuntos referentes a uma nova tecnologia. A realidade é que "Há muitos pontos na carreira corporativa em que você pode precisar de um mentor", diz Meister.

Uma abordagem ainda mais disruptiva tem sido utilizada por startups e empresas de cultura ágil, nas quais a mentoria é realizada por todos os colaboradores que são preparados para atuar nos papéis de mentor e mentorado. O objetivo é proporcionar uma interação maior com pessoas de diferentes áreas e atividades, sair da zona de conforto e compartilhar experiências, evitando as ilhas de conhecimento. Nesse modelo, o mentor, representante da cultura organizacional, acompanha o desempenho e realização das metas de seus mentorados por meio de aconselhamento e feedbacks constantes.

A atuação do mentor na mudança do *mindset*

O mentor deve ser um exemplo do modelo mental, do pensar e agir esperados pela organização, servindo de inspiração para o mentorado. Por meio de suas experiências, o mentor orienta o mentorado a solucionar problemas e superar desafios, incentivando que ele experimente novos comportamentos e desenvolva novas competências, reformulando afirmações de um *mindset* fixo em afirmações de um *mindset* de crescimento.

A mentoria organizacional se distingue de outros relacionamentos de desenvolvimento devido às características das funções que norteiam as atitudes e comportamentos do mentor. Classificadas em funções de carreira e funções psicossociais, elas compõem o modelo de mentoria organizacional proposto no final da década de 1970 pela pesquisadora norte-americana Kathy Kram e que, até hoje, mesmo com algumas adaptações ao novo contexto organizacional, continua sendo o mais utilizado e aceito internacionalmente para entender a atuação do mentor.

Nesse modelo, mentores desempenham seu papel por uma combinação entre as **funções de carreira** – que acentuam o aprendizado de papéis organizacionais e apoiam o mentorado a crescer e evoluir – e as **funções psicossociais** – que afetam cada indivíduo no nível pessoal, construindo sua autoestima e valorização.

As funções de carreira afetam o relacionamento do indivíduo com a organização, enquanto as psicossociais afetam o relacionamento do indivíduo consigo e com os outros, dentro e fora da organização, e são chave para o processo de aprendizagem social. O quadro a seguir exemplifica as funções de mentoria, com base no modelo de Kram.

Funções de carreira	Funções psicossociais
Coaching: o mentor fornece orientação, treinamentos e instruções sobre como navegar no mundo corporativo, que permitam desenvolver competências e construir planos de ação para atingir os objetivos de carreira do mentorado.	**Aceitação e confirmação**: o mentor acolhe o mentorado sem julgamentos, numa relação de aceitação, respeito e confiança mútuos que encoraja o mentorado a experimentar novos comportamentos e assumir riscos. Erros são vistos como parte do processo de aprendizagem. À medida que o mentorado desenvolve novas competências, a aceitação e confirmação do mentor fornecem suporte e encorajamento.
Proteção: o mentor evita que o mentorado cometa erros técnicos ou falhas de comportamento e contribui para que atinja níveis de desempenho que permitam sua exposição e visibilidade.	**Modelagem:** valores e comportamentos do mentor servem como modelo inspirador e exemplo a ser seguido pelo mentorado.
Tarefas desafiadoras: o mentor propõe tarefas desafiadoras, apoiadas por treinamento e *feedback*, que permitam ao mentorado desenvolver novas competências.	**Aconselhamento**: o mentor estabelece, por meio da escuta ativa e do diálogo, um processo de aconselhamento que possibilita ao mentorado explorar suas preocupações pessoais, medos, crenças e conflitos que interferem no seu trabalho. Promove a busca do autoconhecimento e revisão de crenças limitantes do mentorado. Oferece também suas experiências pessoais como possíveis alternativas.
Patrocínio: o mentor acredita que a evolução do mentorado o qualifica a ocupar posições e desafios mais relevantes na organização e, dentro de sua possibilidade, passa a indicar ou apoiar seu nome, mesmo informalmente.	**Amizade**: as sucessivas interações entre mentor e mentorado levam a uma relação de abertura que pode se converter numa relação de amizade e na aceitação e inserção das redes sociais de ambos.

A combinação das funções de mentoria é aplicada pelo mentor de acordo com as necessidades de cada indivíduo e determina os resultados dos mentorados. As diferentes possibilidades sugerem que o relacionamento de mentoria varia, na forma que suporta o desenvolvimento do indivíduo, em cada etapa da sua vida. Assim, é razoável esperar que algumas funções sejam mais efetivas para obter determinados resultados do que outras.

Para desenvolvimento de um novo *mindset* do líder, o mentor poderá combinar as funções de: **aceitação-confirmação, aconselhamento, tarefas desafiadoras,** *coaching* **e modelagem**. Por meio dessas funções, o processo de mentoria acelera a maturidade do líder sobre as limitações e crenças que precisa rever e quais competências precisa desenvolver para gerir sua equipe, criando valor e obtendo os resultados esperados. Ao mesmo tempo, eleva seu nível de conhecimento e engajamento para aceitar novos desafios sem medo, tomar decisões e ficar mais disponível e aberto às mudanças.

A conexão profunda e de confiança estabelecida com um mentor que conhece bem a cultura, desafios e objetivos organizacionais, associada à observação e prática, no dia a dia, do *mindset* de liderança esperado, contribuem significativamente para a conscientização, aprendizado e internalização desse modelo no pensar e agir dos líderes.

No entanto, para que o programa de *mentoring* seja bem-sucedido, é fundamental que ele seja bem planejado e estruturado antes de ser posto em prática. Esse planejamento contempla a seleção de mentores e mentorados, identificando não somente aqueles que serão desenvolvidos, mas, principalmente, quem tem perfil para atuar como mentor e que reconhecidamente é exemplo do modelo de liderança a ser seguido. A capacitação da equipe de RH para suportar o programa, definição de critérios de escolha dos pares, planos de trabalho, duração e acompanhamento do programa, assim como a preparação dos mentores e mentorados para atuarem nos seus respectivos papéis, são essenciais para o sucesso do programa.

Comprovadamente, a mentoria traz benefícios para todos os envolvidos. Para o mentorado, contribui significativamente para desenvolver novas competências e adquirir conhecimentos, agilizando sua adaptação à organização; para os mentores, traz a satisfação pessoal de ver alguém evoluir com seu apoio, obtendo reconhecimento dentro e fora da organização. Para as empresas, o *mentoring* contribui para a retenção do conhecimento tático, internalização de valores e comportamentos, disseminação da nova cultura organizacional e formação de líderes com um novo *mindset* para implementar as transformações que o mundo corporativo demanda.

Referências

CHANDLER, D. E.; KRAM, K. E. *Mentoring and developmental networks in the new career context*. Handbook of Career Studies, 2007.

COSTA, M. G. D. *Em busca de um modelo brasileiro de mentoria e liderança:* O caso de uma organização de call center. Dissertação (Mestrado em Gestão Empresarial) – Faculdade Boa Viagem, Recife, 2009.

DWECK, C. S. *Mindset*: a nova psicologia do sucesso. Ed. Objetiva, 2017.

ERLICH, P. *O poder do mentoring nas organizações*, 2014. Disponível em: <https://erlich.com.br/e-book o poder do mentoring/>. Acesso em: 27 de abr. de 2021.

GALLO, A. *Demystifying mentoring*. Harvard Business Review, 2011.

KRAM, K. *Mentoring at work*: developmental relationships in organisational life. Administrative Science Quarterly. 1985;30(3).

LIDERANÇA 4.0: *Como agir esse novo mercado de trabalho?* 2019. Disponível em: <https://blog.wagglbrasil.com>. Acesso em: 27 de abr. de 2021.

MEISTER, J. C.; WILLYERD, K. *The 2020 workplace*: how innovative companies atract, develop, and keep tomorrow's employees today. Amazon, 2020.

RODRIGUES, V. *Líder ágil, liderança VUCA*. Independently Published, 2018.

SCHWAB, K. A. *A quarta revolução industrial*. Edipro, 2016.

TENDÊNCIAS *em 2020:* conheça as prioridades e urgências em recursos humanos, Great Place to Work (GPTW), 2020. Disponível em: <https://gptw.com.br/conteudo/downloads/tendencias-em-2020-rh/>. Acesso em: 27 de abr. de 2021.

WEIGEL, J. *O mundo corporativo precisa de líderes exponenciais*. Futuro Exponencial. Disponível em: <https://medium.com/futuro-exponencial/o-mundo-corporativo-precisa-de-l%C3%ADderes-exponenciais-9cdaf7567127>. Acesso em: 27 de abr. de 2021.

WEIGEL, J. *Super liderança na era 4.0*, 2018, Futuro exponencial. Disponível em: <https://medium.com/futuro-exponencial/super-lideran%C3%A7a-na-era-4-0-3706970ad47f>. Acesso em: 27 de abr. de 2021.

15

O IMPACTO DOS CONFLITOS NAS RELAÇÕES HUMANAS EM EQUIPES DE PROJETO

Neste capítulo, gestores encontram estratégias para identificar conflitos construtivos e desenvolvê-los, visando a resultados mais produtivos e melhoria da criatividade, proporcionando às equipes de projeto uma lapidação profissional, comportamental, fortalecimento do vínculo e estreitamento de relações humanas.

**MAURÍCIO BUCKINGHAM
LYRA FIGUEIRÊDO**

Maurício Buckingham Lyra Figueirêdo

Graduado em Análise de Sistemas, com pós-graduação em Gerenciamento de Projetos, especialista em Eletrônica e Eletrotécnica, mestre em Administração Estratégica, facilitador em escritório de gerenciamento de projetos (PMO), governança de TI, Sistemas de Informação e Metodologia Ágil. Assessoria e *controller* de projetos e processos, viabilizando soluções de Tecnologia da Informação para planejamento estratégico e gestão de pessoas. Docente de graduação, pós-graduação, pesquisa em inovação, tecnologia organizacional e gamificação educacional, gestão de projetos e portfólios, execução da estratégia, flexibilidade cognitiva, conhecimento diferencial e competitivo, administração de conflitos e negociação, hábitos da criatividade, pensamento crítico nas empresas, propriedade intelectual e liderança exponencial. Seu diferencial é Lógica de *Troubleshootings* Complexos.

Contatos:
lyratec@hotmail.com
Lattes: lattes.cnpq.br/5285719754312652
LinkedIn: www.linkedin.com/in/mauriciolyra/
Facebook: www.facebook.com/lyratec
Instagram: @maulyra

> *Não existe mágica nas relações humanas.*
> *Para que haja empatia e deem certo deve haver*
> *entendimento, compreensão, capacidade de adaptação,*
> *e cada um ceder um pouco ou a corda arrebenta.*
> Sebastião Wanderley

É sabido que as relações humanas têm um nível de complexidade alto e que, por isso, em um ambiente profissional, para uma melhor assertividade e alcance de melhores resultados, além de uma certa dose de empatia, conquista, confiança e cooperação, é fundamental que cada um se preocupe ativamente com os interesses do outro e com a valorização e respeito ao próximo.

No entanto, para alcançar resultados é necessário evolução profissional e acelerada capacidade de adaptação às mudanças organizacionais, educando-se e readequando-se às novas e inevitáveis configurações impostas em decorrência das demandas, comportamentos, cultura, relações e especificidades da subjetividade humana, criando maturidade e respostas únicas para problemas e incertezas que se impõem ao coletivo.

Em sociedade, não existe nada mais estranho e espinhoso do que a relação inicial entre pessoas. Normalmente motivadas pelo papel desempenhado, entre elas existe a inquietação, a curiosidade exacerbada, a histeria da necessidade insatisfeita de conhecimento e comunicação, e sobretudo um afeto momentâneo, pois o ser humano considera o seu semelhante enquanto o conhecimento do próximo for insuficiente, não estando em posição de julgá-lo.

O papel exercido e o desconhecimento de perfil profissional *versus* as necessidades de entregas organizacionais tornaram vital e dinâmica a relação e a troca de informações entre pessoas, grupos de trabalho e empresas, abreviando distâncias, impactando de forma direta e positiva a criação de produtos ou serviços com alto valor agregado, mas ampliando o cenário de riscos de conflitos. Portanto, sendo o conflito um estado antagônico de ideias, pessoas ou interesses e, basicamente, a existência de opiniões e de situações divergentes ou incompatíveis, gestores em geral contemplam conflitos como sinônimo de problema.

Em ambientes como este, inúmeras ações executadas por equipes de projeto podem despertar fortes reações, sejam elas proporcionais ou não, positivas ou negativas e, ainda, tornar o trabalho da equipe do projeto diferente do previsto, ou seja, um círculo conflituoso, relacional e produtivo.

Seja estratégico ou gerencial, o ambiente de projetos por si só é propício para a geração de conflitos, sendo ocasionado por diferenças de ideias, equipes enxutas em ambientes multifuncionais, superposição de atividades ou mesmo por condições externas ao projeto.

A interessante diversidade de tipos de conflitos, reconhecidos ou não pelos gestores, conforme Chiavenato (2010), pode apresentar-se em três níveis de gravidade: percebidos, "experienciados" ou manifestados. A depender do formato da dinâmica catalisadora, os níveis de conflitos são dependentes dos principais tipos de equipes de trabalho defendidos por Robbins (2002):

- Equipes de solução de problemas: idealizam melhorias no ambiente e nos processos de trabalho.
- Autogerenciadas: induzem atuação, planejam, delegam e implementam visão coletiva ou compartilhada.
- Multifuncionais: pessoas de mesma hierarquia, que realizam tarefas pontuais ou temporárias, com o mesmo grau técnico e comprometimento.

Em um cenário intraorganizacional, é possível que as divergências conflituosas tragam benefícios às atividades empresariais?

Se adotarmos NÃO como resposta, entenderemos que os conflitos organizacionais nas equipes de trabalho e o diagnóstico dos processos que os envolvem são percebidos como prejudiciais às organizações, pois podem criar um ambiente cético e desequilibrado, sem gestão da relação humana, fruto da criação de situações hostis, sentimentos de desconfiança por parte das pessoas e que, apesar de parecer funcionar a contento, a grande maioria das lideranças imediatamente os evita ou reprime.

Já se a resposta for SIM e olharmos os conflitos interpessoais pela ótica sócio-organizacional, iremos assimilá-los como benéficos, não destrutivos, impulsionadores da inovação e avivadores da criatividade, dos comportamentos, atitudes e cognições, constituindo um processo decisivo no desenvolvimento dos grupos/equipes de trabalho. Além disso, por ordem sistêmica, conflito é um meio e, conforme Amabile, Conti, Coon, Lazenby e Herron (1996), uma oportunidade de reconstrução de realidades e um oportuno motor gerador de energia criativa. Sem avaliar os níveis de intensidade, mas pela contribuição a um potencial inovador, Gamero, Roma e Peiro (2008) corroboram evidenciando a possibilidade de haver um ponto ótimo na ocorrência do conflito intragrupo, que influencia positivamente na operacionalização da criatividade junto aos projetos. A reflexão sobre como usufruir desses benefícios e criar um ambiente propício à criatividade conduz a concentração de esforços para se manter as pessoas motivadas e aperfeiçoar a produtividade do trabalho em equipes de projeto.

É com foco nessa produtividade que, fundamentalmente, a convivência humana, caracterizada por expor suas ideias, opiniões, interação de diferentes formas, estreitamento de relações e, principalmente, pelo processo frágil da comunicação, pode suscitar eventos benéficos ou maléficos, tornando a equipe vulnerável a mudanças psicológicas, probabilidade de reações e impactos comportamentais.

Por essa esfera de particularidades, é importante ter atenção às necessidades, forças e fraquezas de todos os envolvidos no time do projeto, mapeando atributos e definindo requisitos com meta de "construir" uma equipe que responda adequadamente às demandas previstas e não previstas do ambiente de projeto.

Esse período de "construção" do *teamwork* só terá fundamento se os recursos ou pessoas envolvidos inquietamente conflitarem-se com os desafios e confrontarem-se com reflexões cômodas. Dinsmore (1993) complementa que um *teamwork* aumenta a chance de sucesso do projeto, promove a criatividade, obtém sinergia, cria uma atmosfera "de problemas" e um espírito de grupo que reduz tensões e conflitos.

Nessa direção, Tuckman e Jansen (1977) ainda agregam cinco estágios existentes de orientações para a condução de um time de projeto (Figura 1).

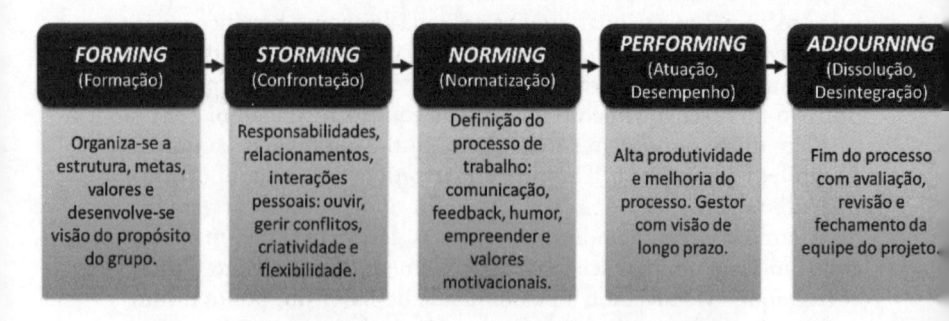

FORMING (Formação)	STORMING (Confrontação)	NORMING (Normatização)	PERFORMING (Atuação, Desempenho)	ADJOURNING (Dissolução, Desintegração)
Organiza-se a estrutura, metas, valores e desenvolve-se visão do propósito do grupo.	Responsabilidades, relacionamentos, interações pessoais: ouvir, gerir conflitos, criatividade e flexibilidade.	Definição do processo de trabalho: comunicação, feedback, humor, empreender e valores motivacionais.	Alta produtividade e melhoria do processo. Gestor com visão de longo prazo.	Fim do processo com avaliação, revisão e fechamento da equipe do projeto.

Figura 1: Estágios para a condução de um time de projeto.
Fonte: Adaptada de Tuckman e Jansen, 1977.

Para essa operacionalização ser efetiva e colaborativa, segundo Thamhain (1993), além da influência direta do ambiente, o êxito da equipe do projeto é estruturado em três dimensões: a primeira é desenvolver relações e habilidades interpessoais, estendendo aptidões (ouvir, tratar, administrar conflitos, negociar, influenciar); em sequência, conhecer a estrutura organizacional; e, por fim, identificar o estilo da gerência.

Nessa primeira dimensão, portanto, Kenneth Thomas e Ralph Kilmann (1977) propõem cinco aspectos para administrar conflitos de forma construtiva em negociações:

1. Competição: enérgico, assertivo e não cooperativo. Prevalece o uso do poder para vencer.
2. Acomodação: inassertivo, cooperativo e autossacrificante. Renuncia-se aos interesses para satisfazer a outra parte. Comportamento generoso, não engajado, altruísta e dócil.
3. Afastamento: inassertivo e não cooperativo, afastamento/fuga. Não engajado em interesses à margem do conflito, adiando-o ou recuando perante ameaças.
4. Acordo: intermediário entre a assertividade e cooperação. Buscam-se soluções aceitáveis, que satisfaçam as partes.
5. Colaboração: assertivo, cooperativo e integrado em vista de solução que satisfaça os interesses das partes (negociar).

Esses aspectos, se não bem regidos, muitas vezes influenciam em um estilo de gerência pouco eficiente e às vezes até displicente, sucedendo a superficialidade do conhecimento das ações de integração, bem como o conflito de relações negativas na equipe do projeto. Esse fato torna fundamental que gestores dos projetos encurtem a distância entre teoria e prática, minimizando o ócio e maximizando-se como fonte de criatividade, readequando-se não apenas como responsáveis formais, mas também como indivíduos líderes que se expõem e assumem voluntariamente a posição de agente de conflito motivador da equipe.

Então, o que fazer? Planejar cuidadosamente a formação de um time com potencialidades e habilidades em cada integrante seria uma boa solução?

Como sugestão, podemos utilizar o modelo de Boyett e Boyett (1999) de maturação dos times de projeto e percorrer etapas de relacionamento e atuação diversificada da liderança.

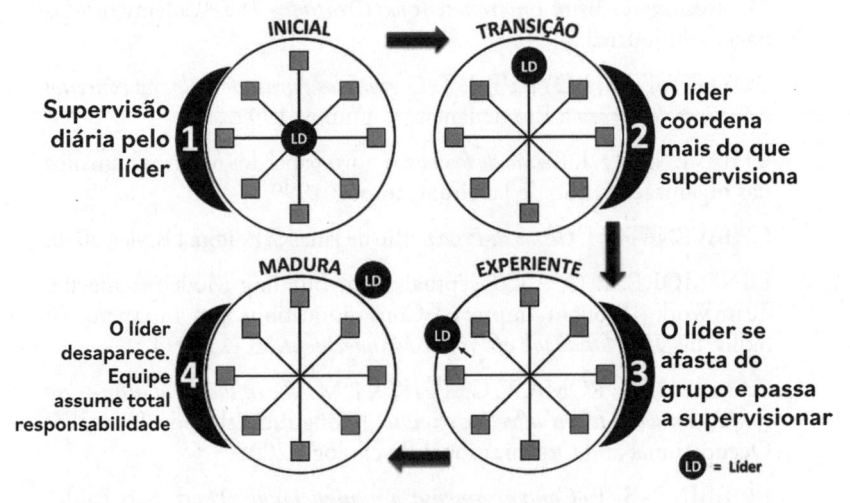

Figura 2: Modelo de maturação dos times de projeto.
Fonte: Adaptada de Boyett e Boyett, 1999.

O perfil de formação desses times de projeto não deve ser apenas técnico, pois, conforme Chiavenato (1999), a construção, aprendizagem e lapidação de times multidisciplinares leva em consideração a criticidade das aptidões interpessoais nas relações humanas, a capacidade técnica de trabalho em grupo, o pensamento coletivo e as práticas experimentadas.

Não há prescrição padrão. O líder de projeto, com características próprias (ditatorial ou democrático), além de identificar e transitar pelos diversos momentos do grupo, deve enfatizar e pautar sua atuação por procurar usufruir dos conflitos que influenciem diretamente no desenvolvimento e no comportamento dos envolvidos. Por isso, para apoiá-lo em tratar conflitos ou enfrentar crises e pressões, além da linguagem de boas relações humanas bidirecionais, é preciso obter o envolvimento dos níveis hierárquicos superiores, controlar ocorrências entre os técnicos e alta gerência, bem como entre o projeto e o nível executivo.

Aproveite, portanto, para provocar uma reflexão junto aos gestores da sua organização e estabelecer avaliação e recompensa para equipes multidisciplinares que criativamente "adestrarem" os conflitos intragrupos.

Referências

AMABILE, T. M.; CONTI, R.; COON, H.; LAZENBY, J.; HERRON, M. *Assessing the Work Environment for Creativity*. The Academy of Management Journal. 1996.

BOYETT, J. H.; BOYETT, J. T. *O guia dos gurus: os melhores conceitos e práticas de negócios*. Rio de Janeiro: Campus, 1999.

CHIAVENATO, I. *Gestão de Pessoas*: o novo papel dos recursos humanos nas organizações. Rio de Janeiro: Campus, 1999.

CHIAVENATO, I. *Gestão de Pessoas*. Rio de Janeiro: Editora Elsevier, 2010.

DINSMORE, P. C. A Conceptual Team-Building Model: Achieving TeamWork Throught Improved Communications and Interpersonal Skills. In: *The Handbook of Project Management*. EUA, 1993.

GAMERO, N.; ROMA, V. G.; PEIRO, J. M. *The influence of intra-team conflict on work teams' affective climate*: A longitudinal study. Journal of Occupational and Organizational Psychology, 2008.

ROBBINS, S. P. *Comportamento organizacional*. 9. ed. São Paulo: Prentice Hall, 2002.

THAMHAIN, H. J. Effective leadership for building project teams, motivating people and creating optimal organizational structures. In: *The Handbook of Project Management*. EUA, 1993.

THOMAS, K. W.; KILMANN, R. H. *Developing a Forced-Choice Measure of Conflict-Handling Behavior*: The mode Instrument. Educational and Psychological Measurement, vol. 37, n. 2, 1977.

16

VIOLÊNCIA PSICOLÓGICA E SUA INFLUÊNCIA NAS RELAÇÕES INTERPESSOAIS

Este capítulo tem o objetivo de estabelecer uma ligação entre a violência psicológica e sua influência nas relações estabelecidas com o outro. As pessoas submetidas à violência psicológica desenvolvem uma série de doenças classificadas como psicossomáticas, que, muitas vezes, geram insegurança e ansiedade, o que resulta na dificuldade de fazer amizades e de se relacionar nos demais ambientes que lhe cercam. Evidencia-se, portanto, uma tendência, por parte das pessoas que vivenciaram experiências de violência psicológica, de buscar relacionamentos difíceis, conflituosos, abusivos, que, muitas vezes, prejudicam o avanço de suas vidas afetivas e profissionais. Tal dificuldade tem origem na incapacidade de desenvolver amor próprio, resultando em um processo de delegação para um terceiro da responsabilidade de preencher esse vazio.

MÔNICA MEDEIROS

Mônica Medeiros

Graduada em Psicologia e Pedagogia. Especialista em Administração de Recursos Humanos. Professora de cursos de graduação e pós-graduação nas áreas de Psicologia, Pedagogia e Administração. Psicóloga clínica com abordagem sistêmica. Consultora na área de comportamento humano atuando há mais de 20 anos, realizando diversos cursos certificados em instituições escolares, bem como em organizações públicas e privadas. Coautora de livros e artigos científicos.

Contatos
mferreiramedeiros@yahoo.com.br
Instagram: @monicamedeirospsicologa
71 99186-8818

As reflexões apresentadas ao longo do presente trabalho provêm de estudos e observações ao longo de 20 anos como facilitadora de grupos de autoconhecimento nos âmbitos escolar, empresarial e clínico. Este texto não pretende oferecer respostas à totalidade dos fenômenos que ocorrem e influenciam as relações interpessoais, pois, considerando que cada um de nós se cerca de diferentes experiências de conhecimento e aprendizagem ao longo da vida, há reflexões que não se encaixam em algumas pessoas. Desse modo, cada uma dessas experiências possui um significado particular, segundo os modelos de aprendizagem internalizados em sua trajetória de vida.

Este capítulo tem como objetivo ajudar as pessoas a se situarem em sua realidade e desmascarar o autoengano em que vivem, retirando a "venda" que as mantém no sofrimento, na repetição inconsciente de padrões que impossibilitam que sigam a vida de forma saudável e feliz.

A violência psicológica é a agressão emocional, que poderá ser tão ou mais grave que a física, caracterizada pelo comportamento típico de quem manipula e planeja, em benefício próprio, a destruição do outro; rejeita, tirando proveito da fraqueza do outro; humilha, porque conhece os pontos fracos da vítima; discrimina, desvaloriza e desqualifica, produzindo desequilíbrios na saúde mental e física do agredido.

As pessoas submetidas à violência psicológica desenvolvem uma série de doenças classificadas como psicossomáticas, que, muitas vezes, geram insegurança, ansiedade, angústia, culpa, retardo emocional e retardo cognitivo, resultando na dificuldade de fazer amizades e de se relacionar nos demais ambientes que lhes cercam.

Vale ressaltar que muitas pessoas passam por isso e não se dão conta, por não saber o que fazer com a dor, a vergonha, a raiva, os ressentimentos, os desequilíbrios, o vazio interno, a depressão, a solidão, ou mesmo o sentimento de não se sentirem dignas de serem amadas pelo que são.

São várias as histórias que levam a situações de suportar, sem limites, a violência psicológica. Acredita-se que, inicialmente, se estabelece esse tipo de relação de forma inconsciente, por achar que o "outro" seria a continuidade do cuidado e "segurança" da função pai e mãe que faltou em determinado momento.

Tudo o que uma criança precisa para ser bem nutrida emocionalmente é segurança e amor. O suporte emocional, que deve ser dado pelos pais, é algo que muitas pessoas que sofreram violência psicológica não tiveram na infância. Desde nosso nascimento até a maturidade, tudo o que aprendemos emocionalmente foi experimentando, sem uma base que nos permitisse entender o que vivemos. E, como não entendemos, ficamos em um estado de vulnerabilidade emocional, sem saber o nosso verdadeiro lugar, o que nos faz repetir histórias tristes e dolorosas, em uma tentativa inconsciente de reviver os sentimentos amargos, sofridos, que ainda machucam.

A Lei n. 11.340, de 7 de agosto de 2006, ao criar mecanismos para coibir a violência doméstica e familiar contra a mulher, nos termos do § 8º do art. 226 da Constituição Federal, dispõe, em seu art. 7º, inc. II, que constitui violência psicológica qualquer

> [...] conduta que lhe cause dano emocional e diminuição da autoestima ou que lhe prejudique e perturbe o pleno desenvolvimento ou que vise degradar ou controlar suas ações, comportamentos, crenças e decisões, mediante ameaça, constrangimento, humilhação, manipulação, isolamento, vigilância constante, perseguição contumaz, insulto, chantagem, violação de sua intimidade, ridicularização, exploração e limitação do direito de ir e vir ou qualquer outro meio que lhe cause prejuízo à saúde psicológica e à autodeterminação.

As pessoas vítimas de violência psicológica demonstram, em seus comportamentos, muitos sentimentos de insegurança e desamparo, pelo fato de terem convivido em uma família abusiva, com pai e mãe totalmente imaturos e infantis, que demandavam cuidado e atenção, ao invés de dar esse tipo de suporte aos filhos. Partindo do princípio de que a criança necessita ser nutrida e cuidada pelos pais, quando ocorre a inversão desses papéis, situação em que a criança precisa se preocupar e cuidar dos seus genitores adultos, cria-se uma situação de disfunção, ou seja: a criança é deslocada do lugar de filho e com uma função que não lhe cabe, que é de cuidar.

Assim, a criança cresce sem compreender o que tanto lhe falta e o que a deixa insatisfeita e infeliz. São vários os relatos das pessoas que expressam a insegurança, insatisfação e ansiedade que lhe causavam a falta de apoio e credibilidade em seus pais e de como isso interfere em suas relações.

É provável que uma pessoa, por exemplo, que viveu em um núcleo familiar rodeada de incertezas, tristezas, inseguranças, desvalorização e falta de carinho apresente uma inclinação para se relacionar com pessoas que não a valorizam e que a deixam em uma situação de instabilidade emocional, de modo a tornar-se vulnerável emocionalmente.

Evidencia-se, portanto, uma tendência, por parte das pessoas que vivenciaram experiências de violência psicológica, de buscar relacionamentos difíceis, conflituosos, abusivos, que, muitas vezes, prejudicam o avanço de suas vidas afetivas e profissionais.

Para Eva Pierrakos (1997), tudo isso é uma forma inconsciente de relembrar e tornar presentes as memórias infantis, com a ilusão de que "dessa vez" o resultado dos nossos comportamentos e ações será diferente.

O que se observa é que não existe um engano inconsciente a respeito de si mesmo. No âmago do seu ser mais profundo, sabe-se que algo não está fluindo, não está bem. Porém, como uma defesa, há um desejo de não tornar isso consciente. Isso porque não sabemos ou não temos instrumentos para mudar essa situação.

Nesse contexto, indaga-se: uma pessoa que sobre abusos emocionais na infância terá a tendência de estabelecer qual tipo de relação, fora do âmbito familiar de origem?

Segundo Enrique Pichon-Rivière (1994), a família é um interjogo de papéis em que cada membro desempenha uma função que está a serviço da sustentação do "equilíbrio" desse grupo familiar. Os papéis são depositados e assumidos dentro do próprio grupo, ainda na infância e adolescência, na maioria das vezes de forma inconsciente, pois sempre há um benefício secundário na assunção de um determinado papel. Temos uma tendência a repetir os papéis desempenhados na família em outros grupos em que nos inserimos.

É relevante citar, também a título ilustrativo, que alguém que experimenta, desde muito tenra idade, o sentimento de responsabilidade de cuidar de um adulto, ou mesmo de um irmão, seja por dificuldade/incapacidade física ou psicológica, terá uma grande tendência inconsciente de se relacionar com pessoas que se encaixem em um perfil de necessidade de serem cuidadas, pois foi o que vivenciou na sua infância.

Deve-se atentar, portanto, para um ponto fundamental: a tendência de buscar pessoas e de se relacionar, com características parecidas com as dos nossos pais e familiares em geral, inicia-se a partir dos modelos de relacionamentos que vivenciamos na infância, fase que mais marca profundamente a nossa história, pois, inconscientemente, vamos aprendendo a nos relacionar a partir desses modelos, que foram as nossas primeiras referências.

Corroborando esse pensamento, encontramos o ensinamento de Ana Quiroga (2001), para quem a organização familiar

> [...] constitui-se no contexto pertinente, aquele que deve ser focalizado para se compreender o sujeito e seu comportamento. A conduta do sujeito ao ser essencialmente relacional, somente pode ser decifrada na rede de vínculos do qual emerge e se configura. O sujeito se comporta em e para um contexto. Tal contexto é o horizonte da sua experiência e somente neste contexto sua conduta adquire coerência e significação, ainda que pareça incompreensível.

Dessa maneira, para compreendermos qualquer conduta de uma pessoa é preciso contextualizá-la, ou seja, conhecer o contexto familiar, social, cultural e econômico de onde emerge. As pessoas são oriundas de uma trama de relações, que começam a se estabelecer na família com os pais, irmãos, tios e avós, estendendo-se em seguida para os demais grupos sociais em que vão se inserindo ao longo da vida.

Quem vivenciou muitas experiências de desvalorização na sua infância tende a crescer achando que todas as pessoas são uma ameaça e que a rebelião é a única maneira de sair dessas sensações, resultando em uma ação precipitada: "ataca, antes de ser atacada". O ponto é que essas pessoas ficaram fixadas nas experiências dolorosas e negativas, e tomam como referência essas experiências para se relacionar com o mundo externo.

Vale citar, como exemplo, o caso de uma pessoa que viveu em um contexto familiar no qual os pais incentivavam a competitividade entre os filhos, comparando uns com os outros em relação à inteligência, força física, habilidades e diminuição do valor de um em detrimento dos outros. Essa pessoa poderá desenvolver em suas relações afetivas ou profissionais um comportamento invejoso, competitivo, ou mesmo pautar essas relações na base de disputas, do perde/ganha, ao invés de enxergar o outro como parceiro que poderá cooperar em suas vidas. Poderá, também, apresentar um comportamento de se esconder e de se excluir quando se sentir desvalorizado.

Se nos fixarmos nas crenças limitadoras a respeito de nós mesmos, seguiremos repetindo os mesmos padrões de comportamento, de modo a repetir os mesmos tipos de relações e de sentimentos, a partir de emoções negativas associadas a tais crenças.

Ser humano significa ter alguns sentimentos difíceis ou intensos demais. Alguns desses sentimentos precisam ser digeridos e ressignificados, pois, caso contrário, acabarão perturbando ou, de alguma forma, prejudicando os relacionamentos.

Algumas pessoas vivenciam em sua família relações opressivas, chantagens emocionais, desvalorização, exclusão do outro, rejeições, críticas destrutivas, abusos em forma de vinganças explícitas e veladas. A partir das aprendizagens vivenciadas nesse contexto familiar explicitado, poderão se instalar relações pautadas em jogos psicológicos.

Nesse jogo da violência psicológica, o agressor maltrata, desfaz, adoece o outro e depois, quando sente que tudo está perdido, volta, desculpa-se, seduz, esmera-se nos aparatos de reconquista, a fim de que a vítima caia, novamente, na mesma situação de vulnerabilidade, iludindo-se no sentido de que o agressor, redimido, tenha aprendido a lição, e, portanto, não repetirá a sua conduta. Colocamos o outro em determinado lugar e ele aceita "contracenar" conosco, havendo, portanto, uma necessidade mútua, funcionando como um encaixe.

Nesse sentido, dispõe Gervásio Araújo (2004), para quem a briga, de forma inconsciente, assume o mote principal na condução da relação: "a motivação do jogo é inconsciente – brigar para se separar, brigar para não estar junto, brigar para não sair, brigar para não se sentir humilhado, brigar para evitar trabalhar, brigar para não viver, brigar para não amar".

É preciso que as pessoas tomem consciência de qual papel estão interpretando nesses jogos; caso contrário, ficarão presas em um ciclo eterno de repetições, em que reprisarão determinado sofrimento nas relações.

Para Enrique Pichon-Rivière (1995), assumimos papéis, inconscientes e complementares, e seguimos a vida estabelecendo os vínculos por meio dos papéis que vamos desempenhando. Muitas vezes, os vínculos são estabelecidos de tal forma que adoecem as pessoas.

É preciso atenção ao estabelecer relações no cotidiano, sejam pessoais ou profissionais, pois nelas exterioriza-se também a distorção do que foi aprendido na infância sobre o que é amor, afeto e amizade. Se não houver atenção e consciência, é possível dar início a relações pautadas na dependência emocional, que, muitas vezes, vem mascarada de um excesso de amor pelo outro que resulta em sofrimento.

Tal sofrimento tem origem na incapacidade de desenvolver amor próprio, resultando em um processo de delegação para um terceiro da responsabilidade de preencher esse vazio. Desse modo, tudo o que eu não me dou, eu vou exigir que o outro me dê. E, assim, vai se instalando a dependência psicológica. A fim de obter amor, somos capazes até mesmo de deixar de ser quem somos para agradar ao outro, que acredito ser mais importante que eu mesmo.

Somente quando tomarmos consciência de quem somos na relação com o outro e de que podemos responder de forma diversa aos diferentes estímulos, perceberemos que não é preciso mais ter uma única resposta, uma única forma de agir cristalizada e congelada pelas experiências anteriores. Quando se consegue fazer isso, tudo muda não só em você mesmo, mas também em seu entorno.

Se estou bem comigo, aceitando-me como sou, crio abertura para o outro se aproximar. Se eu me relaciono afetivamente comigo, tratando-me bem, com carinho e cuidado, o outro vai me tratar assim também, pois não vai ter chance de fazer diferente.

Para o estabelecimento de relacionamentos saudáveis, é preciso que haja o abastecimento de autoamor e autoaceitação, para despertar a consciência acerca da importância e valor enquanto indivíduo. Se não sei o meu valor, como posso me amar e me aceitar? Se preciso que o outro faça algo para me sentir bem, estou me colocando na dependência desse outro, deixando de ser quem eu sou para me colocar à disposição de alguém, resultando, por fim, na perda da minha maior força, que é ser eu mesmo.

Referências

ARAÚJO, G. *Quem sou eu? Um caminho para recriar-se*. Salvador: Instrans Desenvolvendo Humanidades, 2004.

PICHON-RIVIÈRE, E. *O processo grupal*. São Paulo: Martins Fontes, 1994.

PICHON-RIVIÈRE, E. *Teoria do vínculo*. São Paulo: Martins Fontes, 1995.

QUIROGA, A. *Matrices de aprendizage: constitución del sujeto en el processo de conocimiento*. Buenos Aires: Ediciones Cinco, 2001.

PIERRAKOS, E. *O caminho da autotransformação*. São Paulo: Editora Cultrix, 1997.

17

EXPANSÃO DA CONSCIÊNCIA PÓS-PANDEMIA

Neste capítulo, teremos algumas reflexões e indagações sobre a expansão da consciência da humanidade pós-pandemia da COVID-19. Conheceremos a multidimensionalidade humana e poderemos realizar uma prática de autoconhecimento, além de pensar sobre a importância dos propósitos interno e externo para a evolução do nosso planeta.

**TEREZA CRISTINA
PAMPONET DANTAS**

Tereza Cristina Pamponet Dantas

Graduada em Serviço Social pela Ucsal-Ba (1985), com aperfeiçoamento em Gerontologia pela Sociedade Brasileira de Geriatria e Gerontologia (1990), especialização em Psicodrama aplicado às organizações pelo Centro de Psicodrama e Sociodrama da Bahia (2001), especialização em Gestão Social em Desenvolvimento pela UFBA (2005), mestrado profissional em Gestão Social e Desenvolvimento pela UFBA (2009), formação em Coaching Sistêmico pela LM Consultoria e Desenvolvimento – Bahia (2015). É servidora pública estadual e Coordenadora Geral do Núcleo de Desenvolvimento do Ser Humano da Sefaz/Ba. Realiza projetos de desenvolvimento de equipes e de qualidade de vida no trabalho. Atua como coaching interno na Sefaz. É consultora do Estado da Bahia na área de elaboração e gerenciamento de projetos em órgãos públicos. Participa como conselheira estadual dos conselhos da Criança e Adolescente e de Assistência Social.

Contatos
tinapamponet@hotmail.com
Instagram: @tinapamponet
Facebook: tinapamponet
71 99963-9241

> *De tudo ficaram três coisas:*
> *A certeza de que estamos sempre a começar...*
> *A certeza de que é preciso continuar...*
> *A certeza de que podemos ser interrompidos*
> *antes de terminar.*
> *Por isso devemos:*
> *Fazer da interrupção um caminho novo...*
> *Da queda, um passo de dança...*
> *Do medo, uma escada...*
> *Do sonho, uma ponte...*
> *Da procura, um encontro.*
> Fernando Sabino

Estaria a humanidade pronta para a expansão da consciência?

Estaria a humanidade mais preparada agora, pós-pandemia da Covid-19? Por que se poderia esperar isso?

Essas indagações são pontos de referência para reflexões, observadas a partir da experiência de cada um, do olhar interno e externo às consequências da pandemia.

Vivenciamos o ano de 2020 com a pandemia da Covid-19, que teve e terá desdobramentos por anos ou talvez décadas. Mudanças no contexto produtivo, social, na vida afetiva e espiritual configuram novas relações humanas pós-pandemia. Não temos ou teremos o "normal de antes", estamos construindo um "novo normal". Nunca se falou tanto em convivência e, ao mesmo tempo, em distanciamento social, opostos que se intensificam e ressignificam nosso fazer diário.

Falar das relações humanas pós-pandemia é um desafio, ainda mais quando focamos nas perspectivas, pois o aprendizado constitui-se num processo individual e coletivo. Tivemos tempo para nos olhar interiormente, de nos ouvir, refletir, entender melhor o contexto em que vivemos, buscar ou alterar sonhos, compreender melhor a nossa essência, o que nos move. Experimentamos o distanciamento, o silêncio, a quarentena, o medo, o estresse, as incertezas, a avaliação de ideias. Para sobreviver, tivemos e teremos de analisar nossas "crenças limitantes" e nos fortalecer nas nossas "crenças alavancadoras"; enfim, sairmos da nossa "zona de conforto".

No entanto, esse aprendizado não é uniforme, mas possui várias gradações, a depender do autoconhecimento, do nível de consciência individual e coletiva, dos valores emergentes e do grau de espiritualidade. Este último não está relacionado com aquilo em que acreditamos, mas tem a ver com o nosso estado de consciência. Isso, por sua vez, determina como alguém age no mundo e interage com os outros.

Quando a humanidade se vê em uma crise radical, quando o modo de existir no mundo não funciona mais, quando a sua sobrevivência é ameaçada por problemas aparentemente incontroláveis, é a oportunidade de dar um salto evolutivo. Responder a essa crise radical é o desafio que se apresenta à humanidade.

Precisamos responder com a expansão da consciência por meio do controle do Ego, reconhecer e trabalhar as crenças limitantes, conectar-nos mais com a natureza, praticar a compaixão, a empatia e a resiliência.

Acredito que parte significativa da humanidade despertará para a expansão da consciência, vivenciando o rompimento de antigos padrões egoicos e a emergência de uma nova dimensão da consciência. Nesse sentido, veremos o alinhamento do nosso propósito interior com o exterior, trazendo a ligação com o "todo", ou seja, com o planeta Terra. A consciência humana coletiva e a vida no nosso planeta estão intrinsecamente ligadas.

A expansão da consciência envolve a ampliação das percepções sobre si mesmo e em relação ao universo. Por meio dela, uma pessoa deixa de viver no modo automático e abre seus olhos para entender seus sentimentos, emoções e as reações que eles geram em seus pensamentos e comportamentos, além de passar a se atentar para a energia que emana e atrai com suas ideias e atitudes.

As percepções são mais bem compreendidas quando entendemos que, enquanto indivíduos e grupo, somos multidimensionais, concernindo em níveis ou campos variados.

Refletindo a multidimensionalidade

A multidimensionalidade humana é vista como um modo de analisarmos as nossas diferentes dimensões que estão intimamente interligadas:

diferentes níveis de realidade, de consciência, de percepção, de energia, de necessidades e de evolução.

São cinco as dimensões humanas, a saber: física, emocional, mental, espiritual e social. É importante ressaltar a rede de interdependência e que, na vida, transitamos pelas dimensões de formas diferentes. O que precisamos é reconhecer a existência da nossa multidimensionalidade e de que forma podemos trazer para a nossa vida aquela ou aquelas dimensões que estão menos presentes.

Dimensão física

Quando encontramos alguém, a primeira coisa que vemos e temos é o contato com o físico. A dimensão física expõe o corpo, a nossa "morada", a nossa "casa", a materialidade do nosso ser.

O corpo traz consigo o cérebro mais antigo, intuitivo, animal, que é o reptiliano. Portanto, o corpo expressa nossas reações intuitivas e emocionais. Nele estão os contatos sensoriais.

Essa dimensão também envolve a forma como nos vestimos ou como organizamos a nossa casa, a valorização da cultura em que vivemos. Inclui os hábitos que adotamos para garantir a manutenção do corpo, buscando a saúde e o bem-estar.

Dimensão emocional

O sistema límbico do cérebro é o centro das emoções e sentimentos, constituindo-se na nossa dimensão emocional, relacionada às funções afetivas, lembranças passadas e presentes, sonhos e aprendizados ao longo da vida.

As reações emocionais são o resultado de um estímulo interno ou externo e revelam crenças que podem ser transformadas.

A dimensão emocional não se refere apenas à capacidade de sentir emoções, mas também de identificá-las nos outros, saber o que estamos sentindo em um determinado momento e sua causa. Por isso, melhorar essa dimensão implica melhorar o autoconhecimento.

Dimensão mental

Essa dimensão localiza-se no neocórtex, que desempenha um papel central nas funções complexas do cérebro, como memória, atenção, consciência, linguagem e percepção.

A mente decodifica as informações por meio de nossos pensamentos. É no neocórtex onde ficam arquivadas as crenças (limitantes ou alavancadoras), os julgamentos, avaliações, ideias e interpretações.

Dimensão espiritual

O espiritual aqui não está relacionado a crenças e religiões, e sim à espiritualidade, à intuição e a quando damos atenção à nossa intuição que nos conecta com o Todo, com a Consciência Divina.

A dimensão espiritual se relaciona com o amor incondicional, com a compaixão, com o reconhecimento de que a minha energia se conecta com a do outro, com a minha família, a minha comunidade, o meu país, com o mundo, com o cosmo. Ela trabalha a nossa filosofia de vida, o sentido que damos à nossa existência, a esperança e a certeza de sermos partes de algo maior.

Dimensão social

O social refere-se à nossa história, às relações no campo familiar, profissional e de amizade, à forma como interagimos com o outro e o quanto participamos dos espaços grupais.

Depois de conhecer um pouco da multidimensionalidade, te convido agora a refletir sobre as dimensões, observando a figura a seguir. A consigna é a seguinte: procure estar em um lugar silencioso, de forma confortável, deitado ou sentado, de preferência com olhos fechados. Comece a aquietar sua mente e observar sua respiração. Faça três respirações profundas, depois retorne à sua respiração normal. Observe se algo mudou. A respiração nos traz centramento e presença. Agora, olhando para a figura, preencha as partes de como as dimensões transitam na sua vida, colorindo o quantitativo do quanto cada dimensão está presente atualmente na sua vida.

Com essa prática, podemos analisar como está o desenvolvimento das dimensões e identificar respostas para as seguintes questões: qual é a dimensão líder, aquela que sempre está à frente? Qual a dimensão que fica mais atrás, aquela que preciso desenvolver? Quais as dimensões intermediárias? Como elas se relacionam? O que devemos buscar é a sintonia e a interdependência entre as dimensões, para que possam estar mais equilibradas e próximas.

Os desafios da expansão da consciência

Considera-se aqui desafio como oportunidade de crescimento, de aprendizado. Estamos em meio a um acontecimento da maior importância na evolução da consciência humana.

Sabe-se que apenas parte da humanidade foi sacudida para o despertar de uma nova consciência a partir da pandemia da Covid-19. Isso aconteceu devido aos fatores internos (autoconhecimento) e aos fatores externos que nos exigiram mudança de comportamentos.

O planeta entrou em colapso, independentemente da nossa vontade, o nosso ego deixou de controlar a vida e muitos de nós aprendemos o significado da ação desperta, que é o alinhamento do nosso propósito exterior – o que fazemos – com o nosso propósito interior. Por meio dela, entramos no estado de unificação com o universo, conscientes da nossa interdependência com a natureza e de como agora vamos nos relacionar com o planeta em todas as suas dimensões, tendo a certeza de que fazemos parte dele e, por isso, as nossas atitudes afetam e somos afetados na mesma proporção.

Portanto, o despertar de uma nova consciência surge à medida que um número cada vez maior de pessoas vai descobrindo que seu propósito mais importante da vida é trazer a luz da consciência a esse mundo.

Encontramo-nos em um espaço de ressignificação da vida, buscando um movimento de retorno, a jornada de volta ao nosso lar, a Terra, incluindo toda a multidimensionalidade e inter-relação com o respeito à natureza e toda a sua diversidade.

Os desafios são imensos, mas dependem de cada um de nós, permitindo uma oportunidade de criar espaços novos com um novo fazer, um novo olhar, refletindo sobre crenças antigas limitantes para transformá-las. Sabemos que, apesar do contexto caótico que passamos, ainda vamos ter de nos deparar com pessoas egoístas, desconectadas com o seu propósito interior, com percepções equivocadas e fragmentadas dos acontecimentos, julgamentos, porque ainda são pessoas inconscientes, necessitando fortalecer o seu próprio ego por meio do seu reflexo nos outros.

Então, só o tempo dirá o quanto a humanidade estará disposta a despertar a luz interior, a luz da consciência, criando um mundo novo, mais evoluído espiritualmente, mais pleno de amor, sanidade, respeito, revelando a inteligência universal.

Referências

REGIS, L. *Coaching sistêmico em grupo: um caminho de conquistas através do ser grupal*. Contagem: Principia, 2019.

TOLLE, E. *O despertar de uma nova consciência*. Tradução de Henrique Monteiro. Rio de Janeiro: Sextante, 2007.

18

LIDERANÇA 4.0

Neste capítulo, vamos compreender como alguns conceitos e práticas podem contribuir para o aperfeiçoamento de uma comunicação assertiva que colabora para um melhor desempenho das lideranças. São contribuições para o desenvolvimento de líderes que conduzam e coexistam no coletivo e que se destacam para além de seus dons e competências, mas principalmente por sua humanidade.

VANESKA WOLNEY SCHMIDT

Vaneska Wolney Schmidt

Especialista em Políticas Públicas e Gestão Governamental do Estado da Bahia desde 2006. Graduada em Ciências Contábeis pela Unifacs (2000), com especialização em Auditoria pela Fundação Visconde de Cairu (2002). *Practitioner* em Programação Neurolinguística (PNL) pelo Instituto ProSer, possui formação em Coach Sistêmico (2017) e na metodologia Grupo Multirreferencial pela LM Desenvolvimento (2019). Entre 2006 e 2010 atuou na área de Recursos Humanos da Secretaria da Administração do Estado da Bahia e durante o período compreendido entre 2010 e 2016, nesse mesmo órgão, respondeu pelo cargo de Coordenadora Executiva de Licitações, voltada para o desenvolvimento e aperfeiçoamento de servidores atuantes nas áreas de licitações e contratos. Atualmente, exerce suas atividades na Procuradoria Geral do Estado da Bahia e é uma das responsáveis pela implementação do Projeto de Gestão Estratégica de Pessoas desse órgão.

Contatos
vaneska.schmidt@gmail.com
Instagram: @coachvanschmidt
LinkedIn: Vaneska Schmidt

> *O fenômeno da comunicação não depende do que se entrega,*
> *senão do que passa com o que recebe.*
> Humberto Maturana

Como consequência da própria evolução, vivemos uma transição significativa de paradigma em curso. Consideremos transição, porque ainda existe quem acredite e referende paradigmas passados, seja por medo, por vaidade ou também porque a mudança iminente exige uma profunda reflexão de nós mesmos e isso demanda, inevitavelmente, a dor de se despedir de algo que não nos serve mais, mas que já nos foi muito útil anteriormente.

Paradigma, objetivamente, é um conceito da ciência e da epistemologia que define um "exemplo típico ou modelo de algo". É a representação de um padrão a ser seguido.

Para clarificar ainda mais, vamos trazer o entendimento de Stephen R. Covey (2017), em sua obra *Os 7 Hábitos das Pessoas Altamente Eficazes*, que assim define: "os paradigmas são a nossa fonte de atitude e comportamentos. Vemos o mundo não como ele é, mas como nós somos. Quando abrimos a boca para descrever o que vemos, na verdade descrevemos a nós mesmos, nossas percepções, nossos paradigmas".

Todas as mudanças ocasionadas pela revolução da indústria 4.0 fazem com que as novas gerações percebam os acontecimentos e fatos sob um novo ponto de vista e devemos incluir, nesse novo olhar, as relações. Com tantas possibilidades, as relações podem ser estabelecidas sem as pessoas nunca terem se encontrado fisicamente. Ou seja, temos um novo paradigma sendo construído. É inevitável.

Neste capítulo, vamos refletir um pouco sobre as relações de liderança. Essa escolha se justifica por considerar que os líderes podem ser potentes no sentido do desenvolvimento e da transformação das pessoas.

E a proposta dessa reflexão é contribuir para que os envolvidos estejam engajados e comprometidos em busca de resultados positivos para todos.

Para alcançar esse objetivo, vamos conhecer como alguns aspectos da Comunicação não Violenta (CNV) e do *Coaching* contribuem para o desenvolvimento e/ou aperfeiçoamento das lideranças e para a criação ou fortalecimento de ambientes colaborativos. A prática desses conceitos pode fazer nascer uma liderança integrativa e ambientes de confiança e crescimento para todos.

Considerando todas essas mudanças e em virtude de tais avanços, a liderança assume papel importante em sua própria reinvenção. Novos conceitos e modelos surgem a todo instante, demandando dos líderes ações rápidas para a tomada de decisão. Na sociedade do conhecimento, não há mais que se falar em *comando e controle*, mas sim em *parceria e colaboração*. E, nesse aspecto, uma comunicação assertiva é essencial para o estabelecimento da confiança.

O líder é um facilitador, um condutor na busca dos resultados. Ele atua na sua equipe, em função dela, para ela, por meio dela. E trabalha as suas limitações. Reconhecer as suas deficiências, suas dificuldades, o torna ainda melhor, completo. A partir do momento em que o líder reconhece aquilo que o limita, bem como aquilo que o impulsiona e decide trabalhar tais questões, ele possibilita potencializar o melhor de si e de todas as pessoas que estão sob sua condução.

O lucro e/ou resultado positivo é sempre o objetivo de toda e qualquer organização, independentemente de seu ramo. Aqui, neste texto, é importante conceber o conceito de "ganha-ganha". Como o próprio nome diz, "ganha-ganha" é uma relação em que ambas as partes saem ganhando. Não se trata de persuadir nem de convencer. E esse resultado só existe em relações de colaboração, que visam ao crescimento mútuo. Está distante daquela visão do predatismo e da exploração do empregado em que apenas uma parte ganha. Em uma relação "ganha-ganha" surge um modelo melhor, para ambas as partes.

Compreender o que é uma relação "ganha-ganha" é importante para prosseguir, porque no contexto atual fica muito claro que as relações tendem a ser descartadas quando uma das partes se sente lesada ou explorada. E essa é uma premissa do novo modelo de liderança que será defendido aqui. Além disso, o estabelecimento do desejo de uma relação "ganha-ganha" torna muito mais simples a aplicação do que traremos a seguir.

A CNV foi desenvolvida em 1963, por Marshall B. Rosenberg, psicólogo norte-americano, PhD em Psicologia Clínica. Desde então tem sido aperfeiçoada continuamente. A CNV é conhecida como um modelo de resolução pacífica de conflitos e tem como pilar a comunicação compassiva, ou seja, a comunicação com empatia.

O objetivo da CNV é nos ajudar em nossos relacionamentos, resgatando e/ou incorporando conhecimentos que já sabemos. Por meio da CNV, são criadas possibilidades em que podemos nos expressar com clareza e honestidade e, simultaneamente, escutamos o outro de forma atenciosa, com respeito e empatia. Nas palavras de Rosenberg (2003), "a forma é simples, mas profundamente transformadora".

O modelo propõe que, para conseguirmos realizar o desejo de nos entregarmos de coração, devemos nos concentrar nos seus quatro componentes, a saber: **observação, sentimento, necessidades e pedido**. Primeiro, observamos, sem nenhum julgamento ou avaliação, o que de fato está acontecendo em uma determinada situação. Observar sem fazer julgamento ou avaliação consiste em perceber de fato o que está acontecendo e não o que pensamos do que está acontecendo. Após a observação, devemos identificar o nosso sentimento ao observar a ação. Após a nominação do sentimento, reconhecemos quais as nossas necessidades ligadas ao sentimento identificado e, assim, temos a clareza para elaborar e fazer o nosso pedido diante daquela ação, ou seja, dizer do que precisamos.

Se conseguimos manter a atenção concentrada nessas quatro áreas que compõem o modelo da CNV e ajudamos o outro a fazer o mesmo, é possível estabelecer um fluxo de comunicação assertiva dos dois lados, até que a compaixão se manifeste naturalmente. E quando isso acontece, o relacionamento flui de forma positiva, gerando ganhos para ambas as partes.

Cabe registrar aqui que a CNV não prega que devamos permanecer apenas objetivos e que sejamos proibidos de fazer avaliações. Apenas nos ensina a separar a observação da avaliação. Não se trata de nos tornar "robôs", seguindo automaticamente os quatro componentes. Ao contrário, o modelo da CNV sugere que as nossas avaliações estejam baseadas em nossas observações e não no que inferimos sem a compreensão ampliada de cada contexto. É preciso estar muito atento e presente para adquirir tal compreensão.

Uma premissa básica da CNV é que "ao julgarmos que alguém está errado ou agindo mal, o que estamos realmente dizendo é que essa pessoa não está agindo em harmonia com as nossas necessidades" e isso parece ainda mais coerente se lembrarmos que não precisamos questionar ou avaliar quando o comportamento ou a atitude do outro está certa, segundo o nosso julgamento, porque aquele comportamento ou atitude satisfaz aquilo que esperamos e/ou precisamos.

O nosso julgamento, no geral, diz muito sobre os paradigmas segundo os quais fomos educados e essa noção de certo e errado que desenvolvemos é, em muitos casos, a causa de inúmeros conflitos e desentendimentos nas relações, que poderiam ser evitados por meio de uma observação e escuta ampliada que permitisse compreender o contexto dos envolvidos. Segundo Rosenberg (2003), o julgamento é uma das causas da comunicação alienante da vida, que "tanto se origina de sociedades baseadas na hierarquia ou dominação quanto sustenta essas sociedades".

O efeito da comunicação alienante da vida, segundo o autor, é que perdemos a consciência da nossa responsabilidade sobre o que sentimos, sobre o que pensamos e sobre como agimos. E isso repercute negativamente entre líderes e liderados quando o ego é a base da relação.

Em contextos de poder, é premissa a existência de uma linguagem que estereotipa, que define o que é "certo" e o que é "errado". Tal premissa é a sustentação da existência de uma instância superior que determina qual a conduta adequada dos indivíduos por meio de julgamentos morais e, além disso, como as condutas tidas por inadequadas devem ser punidas, pois estão em desacordo com o padrão moral adotado para aquele grupo social.

E como a CNV pode ser útil para auxiliar as lideranças a contribuírem não somente para o engajamento das pessoas em busca de resultados positivos, mas, ainda mais, para o desenvolvimento dos indivíduos envolvidos nessas relações?

A CNV acontece em um processo contínuo, ou seja, deve ser exercitada e aperfeiçoada continuamente. Nesse processo, é possível conhecer muito sobre nós mesmos e como a nossa relação conosco repercute nas relações com os outros. É possível conhecer pela observação e por uma autoanálise cuidadosa como os nossos sentimentos e necessidades são afetados pela maneira como enxergamos a nós mesmos, pela forma que nos exigimos e, até mesmo, como somos rigorosos em nos punir. Se adotamos essa conduta conosco, é natural que ela se manifeste em toda e qualquer relação em que nos envolvermos, inclusive nas relações de liderança.

A CNV é um modelo que, por estimular a escuta ativa, a presença e, consequentemente, a empatia, proporciona um ambiente de confiança mútua entre o líder e seus liderados, e pode ser amplamente adotada por líderes em reuniões de planejamento, na mediação de conflitos, nas avaliações de desempenho, nas rodadas de *feedback* e, até mesmo, na contratação de colaboradores, por exemplo. O líder passa a ser enxergado como um parceiro, um condutor, uma referência e não simplesmente aquele chefe do passado que apenas dava ordens e estabelecia as punições pelos resultados não alcançados. Tal forma de enxergar o líder faz com que as pessoas se engajem e se comprometam em busca de resultados positivos para todos.

Além da CNV, o *coaching* pode auxiliar muito as lideranças para uma melhor compreensão e condução de seus colaboradores. Não se trata de o líder ser *coach*, mas de como o conhecimento das ferramentas e métodos desse processo pode ser útil para proporcionar mais qualidade nas relações e no alcance dos resultados desejados.

Coach, em inglês, significa carruagem, um meio de transporte que conduz pessoas de um lugar para outro. O conceito mais próximo do atual surgiu por volta de 1830, na Universidade de Oxford, para definir um tutor particular, alguém que ajudava os alunos a ter bom desempenho nas provas finais. Também é muito comum encontrarmos a palavra *Coach* associada aos treinadores esportivos que conduzem os competidores a alcançarem suas metas. Nesse caso, segundo Timothy Gallwey (2019), considera-se que o principal oponente do esportista não é o outro competidor, mas ele mesmo, por meio da expressão de suas limitações e fraquezas.

A partir da compreensão da aplicação do conceito de *coaching*, muitos executivos identificaram que o processo poderia ser aplicado no contexto empresarial, pois se ampliamos o olhar, percebemos o quanto as limitações e fraquezas interferem no desenvolvimento profissional de qualquer pessoa. Sendo assim, hoje o processo de *Coaching* é muito utilizado no mundo corporativo. *Coach* é o nome que se dá ao profissional que conduz um processo de *coaching*. *Coachee*, por outro lado, é o cliente do *coach*, a pessoa a ser "conduzida".

Por meio da CNV, compreendemos a importância da empatia, da escuta e da presença para estabelecer uma relação de confiança entre o líder e o liderado. Tendo estabelecido a empatia, exercitando a presença e estando atento às demandas de sua equipe, é possível melhor compreender quais as limitações, bem como as forças que impactam os resultados. As forças e virtudes devem ser reconhecidas e celebradas; já as limitações e fraquezas precisam ser aceitas e acolhidas para que o líder ajude o seu colaborador a vencê-las.

O *coaching* acontece principalmente para trabalhar essas dificuldades, buscando uma resolução ou, até mesmo, guiando o colaborador para atividades em que ele possa ter melhor desempenho.

Um aspecto importante do *coaching* é o de saber acompanhar, inspirar, permitir que o seu colaborador, por ele próprio e pelos estímulos do seu líder, possa reconhecer as suas dificuldades e como e por que é importante trabalhá-las. Outro pilar do *coaching* é fazer com que o poder real do colaborador se expresse. Para isso, é importante que o líder permita que esse poder apareça. Aqui é muito importante a segurança do líder de que atua em função do ser e não do ego. Caso contrário, é impossível dar esse passo.

Em um processo de *coaching*, o *coach* busca compreender os motivos pelos quais o *coachee* buscou sua ajuda. É elaborado um plano para saber aonde ele deseja chegar, ou seja, o *coach* escuta o estado atual e qual o estado desejado. Também busca compreender como o *coachee* vai saber que conseguiu alcançar os objetivos desejados. Ouvindo atentamente, o *coach* faz perguntas e parafraseia para que o *coachee* se escute e responda às perguntas, construindo o seu próprio caminho para alcançar os resultados desejados.

Integrando os conceitos e práticas do *coaching* e da CNV, por meio do diálogo e da escuta empática, o líder possibilita que toda a equipe conquiste os resultados almejados, conduzindo-os a um nível de excelência profissional, emocional e socioafetiva.

Referências

COVEY, S. R. *Os 7 hábitos das pessoas altamente eficazes – lições poderosas para a transformação pessoal*. 83. ed. Editora Best-Seller, 2017.

GALLWEY, W. T. *O jogo interior do tênis – o guia clássico para o lado mental da excelência no desempenho*. Editora SportBook, 2019.

INSTITUTO BRASILEIRO DE COACHING. *Qual é a origem do coaching?* Disponível em: <https://ibccoaching.com.br/portal/coaching/qual-origem-coaching/>. Acesso em: 11 de jul. de 2020.

REGIS, L. *Coaching sistêmico: um caminho de conquistas através do SER*. Editora Cazulo, 2019.

ROSENBERG, M. B. *Comunicação não violenta: técnicas para aprimorar relacionamentos pessoais e profissionais*. 2. ed. Editora Ágora, 2003.